Fabian Virchow

Nicht nur der NSU

Eine kleine Geschichte des Rechtsterrorismus in Deutschland

Titelbild: Gedenktafel für die NSU-Opfer in München. SZ Photo, Bild 02149433, Robert Haas

Fabian Virchow. Dr. rer. pol., studierte Soziologie mit den Schwerpunkten Politikwissenschaft, Volkswirtschaftslehre und Wirtschafts- und Sozialgeschichte an der Universität Hamburg (Diplom-Soziologe). Seit 2010 Professor für Politikwissenschaften an der Fachhochschule Düsseldorf (Theorien der Gesellschaft und politischen Handelns). Zu Virchows Forschungsschwerpunkten gehören die Bereiche Kulturforschung, Kommunikation, Internationale Beziehungen, Militärsoziologie, soziale Bewegungen und Rechtsextremismus.

Landeszentrale für politische Bildung Thüringen
Regierungsstraße 73, 99084 Erfurt
www.lzt-thueringen.de
2. aktualisierte Auflage 2020

ISBN: 978-3-946939-95-5

Inhalt

Einführung

In Folge eines Banküberfalls in Eisenach am 4. November 2011 wurden einer breiteren Öffentlichkeit Existenz und langjährige Tätigkeit einer neonazistischen Struktur bekannt, die sich selbst die Bezeichnung „Nationalsozialistischer Untergrund“ (NSU) gegeben hatte und zwischen 1999 und 2007 mindestens neun Migranten und eine Polizistin ermordete, drei Sprengstoffanschläge und 15 Raubüberfälle beging. Das Erstaunen und das Entsetzen waren groß. In zahlreichen Stellungnahmen aus dem politischen Feld, aber auch aus dem Sicherheitsapparat wurde das Eingeständnis formuliert, dass man Akteur*innen der extremen Rechten derartige Verbrechen sowie die für ein Leben jenseits der Legalität erforderlichen Unterstützungsnetzwerke nicht zugetraut habe.

In einem umfangreichen Strafverfahren wurde seit Anfang Mai 2013 vor dem 6. Strafsenat des Oberlandesgerichts München eine umfangreiche Anklage gegen Beate Zschäpe, André Eminger, Holger Gerlach, Ralf Wohlleben sowie Carsten Schultze verhandelt. Am 11. Juli 2018 wurde Beate Zschäpe als Mittäterin der Morde und Sprengstoffanschläge, wegen Mitgliedschaft in einer terroristischen Vereinigung und wegen schwerer Brandstiftung zu lebenslanger Haft verurteilt. Die vier anderen Angeklagten wurden zu Freiheitsstrafen verurteilt; nicht zuletzt die niedrige Haftstrafe für André Eminger zu zwei Jahren und sechs Monaten Haft wurde von den Angehörigen der Opfer als Missachtung empfunden. Mit Ausnahme von Carsten Schultze steht bei den Verurteilten noch die Revisionsverhandlung aus.

Neben dieser strafrechtlichen Verfolgung der dem NSU zugerechneten Morde, Mordversuche, Sprengstoffanschläge und Banküberfälle haben sich parlamentarische

Untersuchungsausschüsse des Bundestages sowie der Landtage in Thüringen, Baden-Württemberg, Nordrhein-Westfalen, Sachsen, Bayern, Hessen, Brandenburg und Mecklenburg-Vorpommern mit der Frage befasst, warum es dem staatlichen Sicherheitsapparat nicht gelungen ist, des Ende Januar 1998 geflüchteten Trios – Uwe Mundlos, Uwe Böhnhardt und Beate Zschäpe – habhaft zu werden und damit die 1999 einsetzenden begangenen terroristischen Handlungen zu verhindern.[1]

Die Existenz rechtsterroristischer Strukturen war in den 1990er- und 2000er-Jahren in den öffentlichen Berichten der Inlandsnachrichtendienste regelmäßig verneint worden. In einer internen Abhandlung kam das Bundesamt für Verfassungsschutz im Jahr 2004 unter expliziter Bezugnahme auf die „Bombenbastler von Jena“ zu dem Ergebnis, dass es „keine wirkungsvolle Unterstützerszene“ gebe, „um einen nachhaltigen Kampf aus dem Untergrund heraus führen zu können“.[2] Unter Verweis auf die politische Gewalt von „Roter Armee Fraktion“ und „Bewegung 2. Juni“ wurde zudem konstatiert, dass es der extremen Rechten „an einer auf die aktuelle Situation in Deutschland bezogenen Strategie zur gewaltsamen Überwindung des ‚Systems‘“[3] mangele. In dieser analytischen Perspektive, die terroristisches Handeln nur hinsichtlich der Infragestellung des ökonomischen und politischen Systems, nicht aber in Fällen von systematischer politischer Gewalt gegen politisch schwache Gruppen wahrnimmt und zudem Merkmalen wie der Verbreitung von Bekennerschreiben zentrale Bedeutung zugewiesen hat, wird bereits die Unterschätzung des rechten Terrorismus als eigenständiges Phänomen sichtbar.

Diese Unterschätzung, die vielfach auch mit einer Verharmlosung rechter Gewalt verbunden war, ist nicht neu.[4] Ziel der vorliegenden Broschüre ist es, einen Überblick über das Auftreten, die Dynamik und Ursachen des Terrorismus von rechts in der Bundesrepublik Deutschland zu geben. Zu diesem Zweck wird zunächst in einer historischen Rückschau gezeigt, dass es bereits lange vor dem NSU rechtsterroristische Strukturen und Aktionen gab. Während diese jedoch im Regelfall rasch durch polizeiliches Handeln beendet werden konnten, gelang es dem NSU fast vierzehn Jahre lang, das Überleben in der Illegalität zu organisieren und in dieser Zeit politisch motivierte Verbrechen zu begehen. In jüngerer Zeit ist eine Zunahme rechtsterroristischer Strukturen und Aktivitäten zu verzeichnen.

Der Frage nach den Entstehungsbedingungen und -wahrscheinlichkeiten rechten Terrorismus wird entlang mehrerer Perspektiven nachgegangen: erstens mit Blick auf die Verbreitung programmatischer, fiktionaler und technischer Anleitungen für terroristisches Gewalthandeln; zweitens hinsichtlich der Herausbildung einer aktiven und gewaltorientierten neonazistischen Szene in Thüringen in den 1990er-Jahre; drittens in Gestalt der Diskussion von Faktoren, die für das Auftreten rechten Terrorismus Erklärungskraft haben können, sowie mit Blick auf die Tätigkeit von Nachrichtendiensten im Bereich der extremen Rechten. In einem weiteren Kapitel werden zentrale Dimensionen aus der Arbeit der parlamentarischen Untersuchungsausschüsse skizziert und die Auswirkungen des rechten Terrorismus, aber auch der fehlerhaften polizeilichen Ermittlungsarbeit auf die Familien der Ermordeten in Erinnerung gerufen.

Welche Ereignisse und Gewalttaten in den Blick geraten, wenn eine Geschichte des Rechtsterrorismus in der Bundesrepublik Deutschland skizziert werden soll, hat nicht zuletzt auch mit der Bestimmung dessen zu tun, was als rechtsextrem und was als terroristisch gelten soll. Wie auch bei vielen anderen Fragestellungen, so haben sich in der wissenschaftlichen Debatte zu diesen Gegenstandsbereichen bisher keine einheitlichen und allgemein anerkannten Definitionen durchgesetzt. Als extrem rechts soll in dieser Abhandlung in Anlehnung an Hans-Gerd Jaschke die „Gesamtheit von Einstellungen, Verhaltensweisen und Aktionen, organisiert oder nicht“ bezeichnet werden, sofern sie „von der rassisch oder ethnisch bedingten sozialen Ungleichheit der Menschen ausgehen, nach ethnischer Homogenität von Völkern verlangen und das Gleichheitsgebot der Menschenrechts-Deklarationen ablehnen, die den Vorrang der Gemeinschaft vor dem Individuum betonen, von der Unterordnung des Bürgers unter die Staatsräson ausgehen und die den Wertepluralismus einer liberalen Demokratie ablehnen und Demokratisierung rückgängig machen wollen".[5] Als Teil der extremen Rechten bezieht sich die neonazistische Rechte positiv auf Politik, Institutionen und/ oder Personal des Nationalsozialismus.

In der wissenschaftlichen Diskussion finden sich zahlreiche Klassifizierungen von Terrorismus. Diese unterscheiden beispielsweise die Motivationslage der Akteur*innen oder die eingesetzten Mittel (z. B. Cyberterrorismus). Manche der inzwischen mehr als 250 Definitionen[6] engen Terrorismus auf den Einsatz illegitimer Gewalt durch nicht-staatliche Akteure ein und schließen damit systematisch die Möglichkeit aus, dass auch von staatlichen Instanzen terroristische Gewalt ausgeübt werden kann (z. B. seitens der Militärdiktaturen Südamerikas in den 1960er- und 1970er-Jahren). Andere wollen nur das als Terrorismus gelten lassen, was als Tat einer Gruppe erkennbar ist. Dies hat zur Folge, dass schwere politisch motivierte Gewalt, die von Einzeltäter*innen begannen oder Einzeltäter*innen zugeschrieben wird – in der Bundesrepublik Deutschland etwa der Anschlag auf das Münchner Oktoberfest am 26. September 1980 –, nicht als rechtsterroristische Akte gewertet werden.

In dieser Untersuchung wird eine Definition zugrunde gelegt, die unter Terrorismus

- geplantes
- nicht nur einmaliges gewaltsames Handeln
- von (halb-)geheim agierenden Individuen oder Gruppen
- mit dem Ziel umfasst, Angst und Einschüchterung bei einer größeren Zahl von Menschen zu erzeugen und/oder Entscheidungen politischer Akteure oder sozialer Gruppen zu beeinflussen,
- ohne dabei etwa auf persönliche Bereicherung zu zielen.

Auf der Grundlage dieser Definition steht nicht zwingend der Staat als Angriffsziel im Mittelpunkt (rechts)terroristischer Handlungen. Terrorismus kann – wie im Falle des NSU – beispielsweise gegen Menschen gerichtet sein, die die Täter*innen einer bestimmten, von ihr als bekämpfenswert erachteten Gruppe zugerechnet werden.

Mit der genannten Definition erfolgt auch eine Abgrenzung gegenüber der großen Zahl von rechten Gewalttaten wie sie etwa in der Welle rassistischer Gewalt zu Beginn der 1990er-Jahre sowie erneut in wachsender Zahl seit 2014 zum Ausdruck kamen. Diese richtet sich gegen als unerwünscht angesehene Personen und entwickelt sich vor allem situativ, ist als Einzelhandlung jedoch nicht Teil einer umfassenden terroristischen Strategie, die konspirativ vorbereitet und umgesetzt wird.[7] Gleichwohl enthalten mindestens in der Summe auch solche Akte extrem rechter Straßengewalt eine erkennbare Botschaft, die über das unmittelbare Opfer hinausweist und in den betroffenen Gruppen zu Verunsicherung und Angst führt.

Manche von Neonazis begangenen Verbrechen lassen sich trotz dieses Definitions- und Abgrenzungsversuchs nicht eindeutig zuordnen. So waren der am 19. Februar 1997 an einem Buchhändler begangene Mordversuch sowie die Tötung eines Polizeibeamten bei einem Schusswechsel wenige Tage später die Reaktion eines überzeugten Neonazis auf kurz zuvor stattfindende demokratische Proteste gegen einen Aufmarsch der NPD-Jugendorganisation in Berlin-Hellersdorf beziehungsweise der Versuch, sich einer Festnahme zu entziehen – und insofern als solches nicht von langer Hand vorbereitet. Zugleich verstand sich der Täter jedoch als Soldat „für die Freiheit des deutschen Volkes“ und es gibt zahlreiche Indizien, dass sich der Täter Kay Diesner systematisch auf eine Beteiligung an einem solchen „Krieg“ vorbereitet hat.[8]

Stationen des Terrorismus von rechts

In historischer Perspektive ist deutlich zu markieren, dass der „Nationalsozialistische Untergrund" nicht die erste extrem rechte Gruppe in der Nachkriegsgeschichte Deutschlands war, die terroristisches Handeln vorbereitete oder praktizierte. Dies lässt sich an ausgewählten Beispielen verdeutlichen. Zu erinnern ist dabei zunächst an den am 23. Juni 1950 in Frankfurt/Main gegründeten antikommunistischen *Bund Deutscher Jugend* (BDJ) und seine Teilorganisation *Technischer Dienst* (TD).[9] Unter Führung von Paul Lüth und finanziert vor allem durch US-amerikanische Dienststellen, aber auch durch Unternehmen und bei einzelnen Aktivitäten durch das damalige Ministerium für Gesamtdeutsche Fragen sowie das Bundesinnenministerium, sammelten sich dort insbesondere ehemalige Offiziere der Wehrmacht und der Waffen-SS.[10] Der BDJ, der politische Protektion durch Abgeordnete der CDU und FDP erhielt, fiel durch gewaltsame Demonstrationen und das Absingen von HJ-Liedern bei seinen Veranstaltungen auf. Zugleich ging es darum, für den Fall eines befürchteten Einmarsches der Roten Armee auf eine in Partisanenkriegführung geschulte Einheit zurückgreifen zu können. Entsprechend wurden die Mitglieder in gewissen Zeitabständen waffentechnisch geschult, man kommunizierte vor allem über Boten, die wichtige Nachrichten direkt überbrachten, und legte Treibstoffvorräte an. In seiner Schrift „Bürger und Partisan" hatte Lüth zudem ausgeführt, dass angesichts der kommunistischen Infiltration schon in Friedenszeiten gegen die politische und gewerkschaftliche Linke vorgegangen werden müsse.[11] Der dem BdJ angegliederte TD unterhielt einen eigenen Nachrichtendienst, der Informationen über politische Gegner*innen sammelte. Hatte das hessische Landesamt für Verfassungsschutz die Organisation zunächst als wenig gefährlich bezeichnet, so machten die Aussagen des BDJ-Kaders und früheren SS-Hauptsturmführers Hans Otto bei der Frankfurter Kriminalpolizei im September 1952 den paramilitärischen Charakter der Organisation deutlich. Neben einem Waffenlager mit leichten Artilleriegeschützen, Maschinengewehren und Sprengstoff wurden bei den anschließenden Durchsuchungen auch Listen mit den Namen von vierzig Personen – meist hochrangige SPD-Politiker – gefunden, die am „Tag X kaltgestellt“ bzw. “aus dem Verkehr gezogen” werden sollten. Am 7. Januar 1953 wurden BDJ und TD zunächst in Hessen, im Folgemonat auch in anderen Bundesländern verboten.[12]

Für die 1960er-Jahre ist auf die Beteiligung bundesdeutscher Akteure an terroristischen Aktionen zu verweisen, die die Abtrennung Südtirols von Italien beziehungsweise weitreichende Autonomierechte erzwingen sollten. Zu den entsprechenden Gruppen gehörte auch der Mitte der 1950er-Jahre gegründete „Befreiungsausschuß Südtirol“ (BAS). Dieser zeichnete unter anderem für die Sprengung eines Mussolini-Reiterstandbildes in Ponte Gardena/Waidbruck am 31. Januar 1961 sowie eine Serie von Sprengstoffanschlägen auf über vierzig Hochspannungsmasten im Juni 1961 verantwortlich. Dem BAS gehörten auch frühere Angehörige der „Brandenburger“ an, einer auf Sabotage hinter den feindlichen Linien spezialisierten Einheit der Wehrmacht. Bei den Anschlägen in den 1960er-Jahren wurden 15 italienische Zöllner, Polizisten und Militärangehörige getötet. In den beiden „Mailänder Südtirolprozessen“ wurden 1963/64 und 1966 auch deutsche Staatsbürger wegen der Beteiligung an den Terroraktionen verurteilt, so etwa Heinrich und Fritz Bünger, Joachim Lothar Dunkel und Hugo Knoll sowie Herbert Kühn. Zahlreiche Verbindungen gab es zudem ins burschenschaftliche Milieu. Für einen diplomatischen Skandal sorgte Ende Juli 1966 eine Sendung des Magazins „Monitor“, in dem die beiden nach Deutschland geflüchteten Südtirol-Terroristen Peter Kienesberger und Norbert Burger den Terrorismus rechtfertigten und weitere Attentate begrüßten.[13]

Für große Teile der extremen Rechten in der Bundesrepublik Deutschland war seit den frühen 1960er-Jahren das Projekt einer „Sammlung der nationalen Kräfte“ zentraler Bezugspunkt der Aktivitäten. Nach der Gründung der NPD Ende 1964 und der rasch folgenden Entsendung von Abgeordneten in mehrere Landesparlamente ging die Partei wie viele andere zeitgenössische politische Beobachter*innen davon aus, dass Ende September 1969 auch der Einzug in den Deutschen Bundestag gelingen werde. Mit 4,3 Prozent der Zweitstimmen blieb die NPD allerdings unter der 5-Prozent-Hürde; in der Folge setzte eine Zersplitterung der extremen Rechten ein, in deren Folge sich ein Teil erkennbar radikalisierte, d. h. sich entweder offen als Nationalsozialisten bekannte oder politische Gewalt gezielt plante, vorbereitete und einsetzte.[14]

Seit den späten 1960er-Jahren agierte eine Reihe kleiner, meist personell aus der NPD hervorgegangener Gruppen wie die „Europäische Befreiungsfront“ (EBF), die „Gruppe Hengst“ (GH) oder die „Nationale Deutsche Befreiungsbewegung“ (NDBB) im Sinne eines terroristischen Antikommunismus, der gegen westdeutsche Kommunisten, die DDR und die sowjetischen Stationierungstruppen gerichtet war. Die um die ehemaligen NPD-Mitglieder Helmut Blatzheim, Hartwig Neumann und Johannes Brodka organisierte EBF lagerte Waffen und plante den Aufbau einer überregionalen straff geführten Organisation. Am Tag vor einem Treffen von Bundeskanzler Willy Brandt mit dem DDR-Ministerpräsidenten Willy Stoph in Kassel, das die EBF durch Anschläge auf die Strominfrastruktur stören wollte, wurden vierzehn Mitglieder festgenommen. Unter weitgehender Absehung von den politischen Motiven wurden nur gegen fünf EBF-Angehörige Strafen verhängt. Am 7. November 1970 verletzte der EBF-Aktivist Ekkehard Weil in Berlin den sowjetischen Wachsoldaten Iwan Schtscherbak schwer. Im März 1971 wurde er von einem britischen Militärgericht wegen Mordversuch zu einer sechsjährigen Haftstrafe verurteilt; nach vier Jahren wurde Weil begnadigt. Der vollständigen Haftverbüßung nach einem erneuten Brandanschlag auf eine Geschäftsstelle der „Sozialistischen Einheitspartei Westberlin“ (SEW) im August 1977 entzog sich Weil durch Flucht nach Österreich. Dort beging er mit anderen Neonazis im Juli 1982 Sprengstoffanschläge auf Geschäfts- und Wohnhäuser, die Menschen jüdischen Glaubens gehörten. 1998 wurde er wegen des Besitzes von Sprengstoff und Zündkapseln vom Landgericht Berlin erneut zu zweieinhalb Jahren Gefängnis verurteilt. Der Haft entzog er sich durch Flucht.[15]

Ebenfalls in Nordrhein-Westfalen bewaffnete sich um die NPD-Aktivisten Rüdiger Krauss, Werner Wolf und Bernd Hengst, der bereits 1968 durch einen Anschlag auf das Büro der „Deutschen Kommunistischen Partei“ (DKP) in Bonn aufgefallen war, eine Gruppe, die gewaltsam gegen die politische Linke vorgehen wollte, aber auch Banküberfälle und die Beschaffung von Waffen und Munition vorbereitete. Die 1970 entstandene NDBB um Roland Tabbert, Johannes Kösling und Horst Mach verstand sich Vorstufe für die Gründung einer neuen NSDAP und verübte Anschläge auf Treffpunkte der politischen Linken und die der SEW nahestehende Zeitschrift „Westberliner Extradienst“. Der zehnte Jahrestag des Mauerbaus sollte in Berlin mit Schüssen über die DDR-Grenze sowie Brandsätzen als antikommunistischer „Großkampftag“ begangen werden. Am Tag zuvor wurden jedoch bei einer Hausdurchsuchung Waffen und Munition entdeckt. Auch die im Frühjahr 1972 in Nordrhein-Westfalen und Bayern um Manfred Knauber entstandene „Nationalsozialistische Kampfgruppe Großdeutschland“ (NSKG) konnte zwar erhebliche Waffen-, Sprengstoff- und Munitionsvorräte anlegen, wurde jedoch vor Umsetzung der geplanten Gewalttaten entdeckt. Von ursprünglich 25 Beschuldigten wurden sechs als Rädelsführer beziehungsweise wegen Mitgliedschaft in einer kriminellen Vereinigung und wegen Verstoßes gegen das Kriegswaffenkontrollgesetz zu geringen Haftstrafen verurteilt.[16]

In Niedersachsen bildete sich seit Ende 1976 um Alt-Nazi Paul Otte sowie Wolfgang Sachse und den V-Mann des niedersächsischen Inlandsnachrichtendienstes Hans-Dieter Lepzien, die alle aus der NPD kamen, eine terroristische Struktur, die Sprengstoffanschläge auf die Staatsanwaltschaft in Flensburg und das Amtsgericht Hannover im Herbst 1977 verübte. Weitere Anschläge, u.a. auf Grenzanlagen der DDR und die Synagoge in Hannover, kamen aufgrund der Verhaftung einiger Mitglieder der Gruppe nicht mehr zur Ausführung. Im Prozess erhielt Otte mit 5½ Jahren Haft die Höchststrafe. Oliver Schreiber, der die Bombe in Hannover gezündet hatte, bekam 6 Jahre Jugendstrafe.[17]

Gegen eine neonazistische Gruppierung kam der 1976 neu geschaffene § 129a (Bildung einer terroristischen Vereinigung) erstmals 1979 im sogenannten Bückeburger Prozess zur Anwendung. Das Verfahren richtete sich gegen die Neonazis Michael Kühnen, Lothar Schulte, Lutz Wegener, Uwe Rohwer, Manfred Börm und Klaus-Dieter Puls. Sie hatten in unterschiedlicher Zusammensetzung seit Ende 1977 durch Überfälle auf Sparkassen und Soldaten Geld und Waffen erbeutet.[18] Die Gruppe plante die Entführung des Ehepaars Beate und Serge Klarsfeld, die Befreiung des Hitler-Stellvertreters Rudolf Hess aus dem britischen Militärgefängnis in Berlin-Spandau, Angriffe auf DDR-Grenzanlagen sowie die Zerstörung der KZ-Gedenkstätte in Bergen-Belsen. Bis auf Kühnen und Börm wurden alle Angeklagten auch wegen Mitgliedschaft in einer terroristischen Vereinigung verurteilt.[19]

Als neonazistischer Terrorist betätigte sich über beträchtliche Zeit auch Peter Naumann. Nach 1970 über viele Jahre in der NPD und ihren Nebenorganisationen aktiv, wurden bei ihm 1974 erstmals zwei technisch komplizierte Sprengladungen gefunden.[20] Vier Jahre später führte er mit Heinz Lembke in Italien einen Anschlag auf eine Gedenkstätte durch, die in der Nähe der Ardeatinischen Höhlen an die Ermordung von 335 zivilen italienischen Geiseln durch die Waffen-SS im März 1944 erinnerte. Am 18. Januar 1979 verübten Naumann und Lembke Sprengstoffanschläge auf Sendemasten, um die Ausstrahlung des vierteiligen Films „Holocaust – die Geschichte der Familie Weiss“ zu stören, der in historischer Betrachtung den „Beginn der Bereitschaft nun auch eines Massenpublikums, sich mit der NS-Vergangenheit überhaupt auseinanderzusetzen“[21], darstellte. Lembke unterhielt in der Lüneburger Heide, wo er unweit des Truppenübungsplatzes Munster als Revierförster tätig war, ein Netz von über dreißig unterirdischen Waffen- und Sprengstoffdepots. Diese enthielten unter anderem automatische Waffen, 50 Panzerfäuste, 156 kg Sprengstoff, 258 Handgranaten, Gift und umfangreiche Munitionsbestände.[22] Indizien deuten darauf hin, dass diese Lager zumindest in Teilen dem Anfang der 1950er-Jahre tätigen BDJ/TD zuzurechnen waren.[23] Bevor Lembke der Staatsanwaltschaft den geplanten Verwendungszweck offenbaren konnte, wurde er erhängt in der Gefängniszelle aufgefunden. Peter Naumann wurde 1988 vom Oberlandesgericht Frankfurt/Main für seine Beteiligung an mehreren Sprengstoffanschlägen und den Versuch der Gründung einer terroristischen Vereinigung zu einer mehrjährigen Haftstrafe verurteilt. Nach der Haftentlassung wurden bei ihm Anfang März 1995 erneut Rohrbomben gefunden; daraufhin gab Naumann dem Bundeskriminalamt (BKA) dreizehn weitere Waffen- und Sprengstoffdepots bekannt, in denen unter anderem 27 Kilogramm Sprengstoff gefunden wurden.

Zu den terroristischen Organisationen der extremen Rechten, die 1980 mit Anschlägen für Aufsehen sorgten, gehörten auch die von Manfred Roeder aufgebauten „Deutschen Aktionsgruppen“ (DA). Roeder – ursprünglich CDU-Mitglied – hatte sich seit den späten 1960er-Jahren zunehmend radikalisiert und bewegte sich unter anderem in Kreisen der Holocaust-Leugner*innen[24]. Um die von ihm 1971 gegründeten „Deutschen Bürgerinitiative“ sammelte er Gleichgesinnte, die ihn auch finanziell beträchtlich unterstützten. Einem beim Oberlandesgericht Frankfurt/Main anhängigen Strafprozess entzog er sich 1978 durch Flucht; mit den Ausweispapieren eines Freundes bereiste er zahlreiche Länder, um sein Netzwerk auszubauen. In der Bundesrepublik Deutschland bezog er eine konspirative Wohnung und rekrutierte Heinz Colditz,

Raimund Hörnle und Sibylle Vorderbrügge für die DA. Im Laufe des Jahres 1980 führte die Gruppe mehrere Brand- und Bombenanschläge durch – unter anderem in Esslingen gegen das Landratsamt, in dem eine Ausstellung zum Vernichtungslager Auschwitz gezeigt wurde, in Hamburg gegen die Janusz-Korcak-Schule sowie in Zirndorf und Lörrach gegen Aufnahmeeinrichtungen von Flüchtlingen. Dabei wurden drei Flüchtlinge aus Eritrea verletzt. Bei einem weiteren Brandanschlag im Hamburger Stadtteil Billbrook starben am 20. August 1980 Nguyễn Ngọc Châu und Đỗ Anh Lân, zwei Flüchtlinge aus Vietnam. Das Oberlandesgericht Stuttgart verurteilte Roeder 1982 wegen Rädelsführerschaft in einer terroristischen Vereinigung, nicht aber wegen Beteiligung an den von der Gruppe begangenen Anschlägen zu dreizehn Jahren Gefängnis.[25]

Auch die bereits 1973 gegründete und 1980 vom Bundesinnenministerium verbotene „Wehrsportgruppe Hoffmann" (WSGH) stand mit terroristischen Taten in Verbindung. 1976 plante einer ihrer Anhänger, der 19-jährige Bundeswehrgefreite Dieter Epplen, einen Sprengstoffanschlag auf den US-amerikanischen Soldatensender AFN in München, bei dem er sich selbst schwer verletzte.[26] An paramilitärischen Übungen der WSGH nahm auch Gundolf Köhler teil, der für den Anschlag auf das Müncher Oktoberfest verantwortlich gemacht wird, dem am 26. September 1980 13 Menschen zum Opfer fielen. 211 weitere wurden verletzt, davon 68 schwer. Die nahezu drei Jahrzehnte von staatlichen Stellen vertretene Ansicht, Köhler habe das Verbrechen als Einzeltäter begangen, wird seit einigen Jahren durch neue Aktenfunde und seit 2014 durch neue Zeugenaussagen nachhaltig in Frage gestellt. Im Dezember 2014 hat der Generalbundesanwalt beim Bundesgerichtshof die Ermittlungen erneut aufgenommen. Aus der WSGH kam auch Uwe Behrendt, der am 19. Dezember 1980 in Erlangen den Vorsitzenden der Jüdischen Kultusgemeinde Shlomo Levin und dessen Lebensgefährtin Frida Poeschke in deren Haus mit einer Maschinenpistole ermordete. Zwar hatten sich nach dem Verbot mehrere WSGH-Mitglieder unter den Augen der

Polizei in den Libanon abgesetzt, wo sie als „Wehrsportgruppe Ausland" (WSGA) in einem Lager der PLO militärisch ausgebildet wurden. Karl-Heinz Hoffmann als unumstrittener Chef der WSG wurde nach seiner Rückkehr Mitte Juni 1981 jedoch nur wegen Geldfälschung, Freiheitsberaubung, Nötigung und Verstoß gegen das Sprengstoff- und das Waffengesetz verurteilt. Für den Doppelmord wurde er nicht zur Rechenschaft gezogen, obwohl er dem Täter mindestens bei dessen Flucht geholfen hat. Noch bis zu ihrem Verbot im Januar 1980 war die WSGH von führenden CSU-Politikern und manchen Medien als harmloses Freizeitvergnügen verharmlost worden[27]; entsprechend war vor dem Verbot gegen sie auch nicht als kriminelle oder terroristische Vereinigung ermittelt worden.

Seit 1975 hatten sich radikalisierte NPD-Anhänger auch in der „Volkssozialistischen Bewegung Deutschlands/Partei der Arbeit" (VSBD/PdA) gesammelt, die von Friedhelm Busse geführt wurde.[28] Busse gehörte Anfang der 1950er-Jahre bereits dem BDJ an und wurde in den frühen 1960er-Jahren wegen unberechtigten Besitzes von Sprengstoff zu einer Haftstrafe verurteilt. Die VSBD/PdA trat offen nationalsozialistisch auf und suchte die gewaltsame Konfrontation mit der politischen und gewerkschaftlichen Linken im öffentlichen Raum. Wie die DA so steht auch die VSBD/PdA 1980 für eine „neue Qualität des bundesrepublikanischen Rechtsradikalismus, nämlich die partielle und von Einzelpersönlichkeiten bzw. Kleingruppen getragene, dennoch aber integrale Wendung zum Terrorismus".[29] Das VSBD-Mitglied Frank Schubert galt den Behörden als einer der Täter, die im Herbst 1980 in Bensheim und Zwingenberg Banken überfielen. Beim Versuch, Waffen aus der Schweiz in die Bundesrepublik Deutschland zu schmuggeln, erschoss Schubert am 24. Dezember 1980 zunächst zwei schweizerische Grenzschutzbeamte und anschließend sich selbst. Aus VSBD-Mitgliedern bestand auch das „Kommando Omega", das am 20. Oktober 1981 von Busses Wohnung in München-Neubiberg zu einem Banküberfall aufbrach; bei der Festnahme durch die Polizei starben die Neonazis Nikolaus Uhl und Kurt Wolfgram durch Schusswaffeneinsatz. Bei Busse werden im Zuge der nachfolgenden Durchsuchungen Sprengstoff, Waffen und Munition gefunden. Das Oberlandesgericht München verurteilte Busse 1983 wegen Hehlerei, Strafvereitelung, Begünstigung von Bankräubern und Verstoßes gegen das Waffen- und Sprengstoffgesetz zu drei Jahren und neun Monaten Haft. Der Vorwurf der Gründung einer terroristischen Vereinigung im Sinne des Strafgesetzbuches wurde fallengelassen, da – so die Bundesanwaltschaft – Busse aus einer „wirtschaftlichen Notlage" heraus gehandelt habe.[30] Die anderen Angeklagten – Peter Fabel, Peter Hamberger und der Franzose Pascal Coletta sowie wegen eines weiteren Banküberfalls in Rennerod Christine Hewicker und Klaus-Dieter Hewicker – wurden zu Haftstrafen verurteilt.

Schließlich ist für die frühen 1980er-Jahre noch die „Hepp-Kexel-Gruppe" zu nennen, deren Mitglieder alle aus bereits gewalttätig auftretenden Gruppierungen kamen. Helge Blasche, Ulrich Tillmann und Walther Kexel waren zuvor in der VSBD/PdA aktiv; Dieter Sporleder, Hans-Peter Fraas und Odfried Hepp kamen aus der früheren WSGH. Mehrere Banküberfälle sowie die Anmietung konspirativer Wohnungen und die Anlage von Waffendepots im Rhein-Main-Gebiet waren von Beginn an Teil der Gruppenaktivität, bevor im Herbst 1982 Sprengstoffanschläge auf Angehörige der US-Streitkräfte in Frankfurt/Main, Butzbach, Darmstadt und Gießen durchgeführt wurden. Explizit formuliertes Ziel dieser Anschläge, bei denen mehrere US-Soldaten zum Teil schwer verletzt wurden, war es, durch wahllosen Terror den Abzug der „Besatzer" zu erzwingen. Weitergehende Aktionen, wie beispielsweise Sprengsätze auf Kinderspielplätzen in den Wohnsiedlungen der Angehörigen der US-Armee, gelangten nicht mehr zur Ausführung. Im Februar 1983 wurden Sporleder, Blasche und Fraas in einer konspirativen Wohnung in Frankfurt/Main verhaftet, kurz darauf im englischen Poole Kexel und Tillmann. Odfried Hepp flüchtete in die DDR, wo er bereits seit 1981 über engere Kontakte zum Ministerium für Staatssicherheit verfügte.

Mitte März 1985 wurden gegen die Mitglieder der terroristischen „Hepp-Kexel-Gruppe“ hohe Freiheitsstrafen ausgesprochen: Tillmann (5 Jahre Jugendstrafe), Sporleder (7 Jahre Haft), Fraas (8 ½ Jahre Haft), Blasche (10 Jahre Haft) sowie Kexel (14 Jahre Haft). Letzterer nahm sich kurz darauf im Gefängnis das Leben. Hepp wurde im April 1985 vom französischen Geheimdienst bei der Beschaffung falscher Ausweispapiere festgenommen und später in die Bundesrepublik Deutschland abgeschoben. Das Oberlandesgericht Frankfurt/Main verurteilte ihn Ende Oktober 1987 zu 10 ½ Jahren Haft.

Mit der Verhaftung und Verurteilung zahlreicher rechtsterroristischer Täter*innen in der ersten Hälfte der 1980er-Jahre war diese Hochphase rechter terroristischer Gewalt zunächst abgeschlossen. Zu den Anschlagszielen dieses Terrorismus gehörte dabei aus antikommunistischen Motiven zunächst insbesondere die politische Linke bzw. Repräsentanten und Grenzanlagen des so genannten Realsozialismus, darüber hinaus auch Einrichtungen und Akteure, die an die Shoah erinnerten. Mit den von den „Deutschen Aktionsgruppen“ um Manfred Roeder durchgeführten Brandanschlägen und den Bombenattentaten der „Kepp-Kexel-Gruppe“ wurde bewusst auf die Erzeugung von Angst und Einschüchterung von Flüchtlingen und Migranten gesetzt; außerdem sollten politische Entscheidungen (Abzug der US-Streitkräfte; restriktive Migrations- und Asylpolitik) herbeigeführt werden, die Grundzügen extrem rechter Weltanschauung entsprechen – die Herstellung unbeschränkter Souveränität des deutschen Nationalstaates sowie die „Bewahrung des deutschen Volkstums“.[31]

Auch in den 1990er-Jahren gab es im neonazistischen Spektrum zahlreiche Beispiele für (Vorbereitungen von) Gewalttaten, die über Straßengewalt hinausgingen und auf eine planmäßige und konspirative Vorgehensweise schließen ließen. So wurden 1991 im Rahmen der „Nationalistischen Front“ Vorbereitungen für die Bildung eines sogenannten „Nationalen Einsatzkommandos“ (NEK) getroffen, das überraschend und zentral durchgeführte Aktionen gegen die politische Linke, staatliche Einrichtungen und migrantische Gruppen durchführen sollte. Die nach Einleitung eines Ermittlungsverfahrens wegen Verdachts der Bildung einer terroristischen Vereinigung durchgeführten Hausdurchsuchungen förderten nicht nur eine Liste möglicher NEK-Mitglieder, sondern in Braunschweig auch ein halbautomatisches Gewehr, Munition und Material für Spreng- und Brandsätze zutage.[32] Die geplanten Aktivitäten einer „Werwolf Jagdeinheit Senftenberg“ konnten ebenfalls frühzeitig verhindert werden.

Seit 1993 hatte auch der ehemalige „Gauführer Westfalen“ der neonazistischen „Wiking-Jugend“ (WJ), Gerd Ulrich, Wehrsportaktivitäten durchgeführt. Nach der Ausspähung von Unterkünften der Bundeswehr, des Bundesgrenzschutzes und der Polizei wurden von Mitgliedern der Gruppe Sprengmittel beschafft und Erddepots angelegt. Zu den geplanten Sprengübungen kam es nicht mehr. 1996 wurde ein Ermittlungsverfahren wegen Bildung einer terroristischen Vereinigung eingestellt; im Jahr 1999 wurden Gerd Ulrich und Andreas Theißen vom Landgericht Detmold beziehungsweise vom Landgericht Schwerin wegen Verstoßes gegen das Sprengstoffgesetz zu Haftstrafen auf Bewährung verurteilt.

Mehrere Sprengstoffanschläge seit den späten 1990er-Jahren konnten bisher keinen neonazistischen Strukturen zugeordnet werden. Hierzu zählen der Anschlag auf die Grabstätte des langjährigen Vorsitzenden des „Zentralrates der Juden in Deutschland“, Heinz Galinski, am 19. Dezember 1998 in Berlin, das Attentat auf ein Gebäude, in dem in Saarbrücken die Ausstellung „Vernichtungskrieg. Verbrechen der Wehrmacht 1941 bis 1944” gezeigt wurde, am 9. März 1999 sowie der Sprengstoffanschlag auf den jüdischen Friedhof in Berlin-Charlottenburg am 16. März 2002. Die Rohrbombe richtete im Eingangsbereich und an der Verglasung des Andachtsraumes Schäden an. Auch der am 27. Juli 2000 auf Migrant*innen aus Russland, Kasachstan, Aserbaidschan und der Ukraine – unter ihnen sechs Mitglieder regionaler jüdischer Gemeinden – verübte Bombenanschlag am Düsseldorfer S-Bahnhof Wehrhahn blieb unaufgeklärt, nachdem der Neonazi Ralf S. im Juli 2018 vom Landgericht Düsseldorf freigesprochen worden war.

Unter der Bezeichnung „Nationale Bewegung“ (NB) trat zwischen dem 30. Januar 2000 und dem 30. Januar 2001 – den jeweiligen Jahrestagen der Ernennung Adolf Hitlers zum Reichskanzler – eine neonazistische Gruppierung im Raum Potsdam auch terroristisch in Erscheinung. Die Aktionen der Gruppe umfassten zunächst die Aufstellung von Tafeln mit Hakenkreuzen zur Erinnerung an den Berliner SA-Mann Horst Wessel, die Bedrohung von Aktivist*innen der politischen Linken sowie die Schändung von Gräbern sowjetischer Soldat*innen, ab September 2000 wurden Brandanschläge auf mobile Imbissstände sowie einen jüdischen Friedhof verübt. Vielfach wurden die Aktionen mit Bezug zu historisch einschlägigen Daten durchgeführt; auffällig waren die an den Tatorten hinterlassenen Tatbekennungen, die rassistische und antisemitische Begründungen enthielten. Im Januar 2001 übernahm die Bundesanwaltschaft die Ermittlungen gegen fünfzehn mutmaßliche Mitglieder der NB wegen des Verdachts der Bildung einer terroristischen Vereinigung, die jedoch Ende Oktober 2005 endgültig eingestellt wurden, ohne dass es zu Festnahmen oder Verurteilungen gekommen wäre.

Nach der Jahrhundertwende sind als Ergebnis von Strafprozessen zwei extrem rechte Vereinigungen als terroristisch eingestuft worden. Das Brandenburgische Oberlandesgericht sah in dem im Juli 2003 gegründeten „Freikorps Havelland“ eine terroristische Vereinigung, die sich zum Ziel gesetzt hatte, als „Ausländer“ eingestufte Menschen zu terrorisieren und zunächst aus dem Havelland, später dann aus Deutschland überhaupt zu vertreiben. Mit acht Brandanschlägen, die die Gruppe gegen Imbisse, Restaurants und Geschäfte verübte, deren Inhaber sie als „Ausländer“ ansahen, sollte den Betroffenen die wirtschaftliche Existenzgrundlage genommen und darüber hinaus eine allgemeine Einschüchterung der migrantischen Bevölkerung erreicht werden. Gemeinsam führte man Fahrübungen durch, erkundete Fluchtwege und sprach

Alibis untereinander ab. Der bei den Anschlägen entstandene Sachschaden summierte sich auf über 700.000 €. Als Rädelsführer der Gruppe, die sich aus jugendlichen Mitgliedern zusammensetzte, wurde Christopher Hartley im März 2005 zu viereinhalb Jahren Haft verurteilt. Insgesamt elf Personen wurden wegen Gründung und Beteiligung an einer terroristischen Vereinigung belangt.

Schließlich ist die Vorbereitung eines Sprengstoffanschlages auf ein jüdisches Kulturzentrum in München zu nennen. Eine vor allem aus den Reihen der neonazistischen „Kameradschaft Süd" rekrutierte „Schutztruppe" um Martin Wiese wollte die für den 9. November 2003 geplante Grundsteinlegung des Zentrums durch einen Sprengstoffanschlag verhindern. Als Teil einer auf den Einsatz von Gewalt setzenden Strategie zur Veränderung der politischen Verhältnisse beschaffte die „Schutztruppe" Waffen und Sprengstoff, nutzte Decknamen und Codes und führte militärische Übungen durch. Das Gericht kam zum Ergebnis, dass die Angeklagten mit Gewalt ein NS-Regime errichten wollten und verurteilte nicht nur Wiese wegen Rädelsführerschaft in einer terroristischen Vereinigung sowie verschiedener Waffen- und Sprengstoffdelikte zu sieben Jahren Haft, sondern auch fünf weitere Männer und drei Frauen zu Gefängnisstrafen, die zum Teil zur Bewährung ausgesetzt wurden.

Eine signifikante Zunahme rechter Gewalt im Allgemeinen sowie rechtsterroristischer Gewalt im Besonderen lässt sich im zweiten Jahrzehnt dieses Jahrhunderts konstatieren. Insbesondere die steigende Zahl von Menschen, die in Deutschland Schutz und Auskommen suchen, gelten den Täter*innen aufgrund ihrer rassistischen Weltdeutung als Grund zur Vorbereitung und Durchführung schwerer Gewalttaten. Diese richten sich gegen Geflüchtete und Migrant*innen, aber zunehmend auch gegen Politiker*innen, die für eine humane Einwanderungspolitik eintreten. Hierzu gehören insbesondere der Mordversuch an der parteilosen Henriette Reker am 17. Oktober 2015, dem Tag vor ihrer Wahl zur Oberbürgermeisterin der

Stadt Köln, der Messerangriff auf den Bürgermeister der Stadt Altena, Andreas Hollstein (CDU), am 27. November 2017 sowie der rassistisch motivierte Mord am Kasseler Regierungspräsidenten Walter Lübcke (CDU) am 2. Juni 2019. Bereits am 22. Juli 2016 hatte der 18-jährige Schüler David Sonboly aufgrund rassistischer Motivation am und im Münchner Olympia-Einkaufszentrum neun Menschen ermordet und fünf weitere durch Schüsse verletzt.[33]

Gegen mehrere extrem rechte Vereinigungen ergingen Gerichtsurteile wegen Bildung einer terroristischen Vereinigung. So verurteilte das Oberlandesgericht München am 15. März 2017 Mitglieder der „Oldschool Society" wegen Vorbereitung von Sprengstoffanschlägen und Bildung einer terroristischen Vereinigung zu Haftstrafen zwischen drei und fünf Jahren. Am 7. März 2018 ergingen durch das Oberlandesgericht Dresden Freiheitsstrafen zwischen vier und zehn Jahren gegen Angehörige der „Bürgerwehr FTL/360" wegen Bildung einer terroristischen Vereinigung sowie mehrerer Sprengstoffanschläge auf Unterkünfte für Geflüchtete sowie auf politische Gegner*innen in Freital und in Dresden. Zudem führt die Bundesanwaltschaft seit Herbst 2018 ein Verfahren gegen die Gruppe „Revolution Chemnitz", der vorgeworfen wird, rechtsterroristische Taten vorbereitet zu haben.

Der Versuch des Rechtsterroristen Stephan Balliet, sich am 9. Oktober 2019 in Halle/Saale den Weg in eine Synagoge freizuschießen, um die dort versammelten Juden* zu ermorden, scheiterte zwar an den Sicherheitsmaßnahmen der dortigen jüdischen Gemeinde, der Täter erschoss jedoch Jana L. und Kevin Sch., die sich zufällig in der Nähe aufhielten. Die Tat markiert eine neue Qualität antisemitischer Gewalt in der deutschen Nachkriegsgeschichte und schließt in der Tatausführung (live stream) an jüngere rechtsterroristische Gewalttaten in den USA und Neuseeland an.

In Deutschland geht das Morden von rechts auch nach dem NSU weiter.

Konzepte des rechten Terrorismus

Früher Bezugspunkt des rechten Terrorismus in der Bundesrepublik Deutschland war der „Werwolf“[34] – also der von der NS-Führung angesichts der sich abzeichnenden militärischen Niederlage konzipierte Partisanen- und Kleinkrieg gegen die an allen Fronten vorrückenden alliierten Truppenverbände, aber auch zur Einschüchterung und Bestrafung von Amtsträgern und Bürger*innen, die eine Fortsetzung des Krieges für sinnlos hielten. Für die entsprechenden Formationen war eine 80-seitige Broschüre erarbeitet worden, in der das Grundverständnis dieser Form des Krieges ebenso erörtert wurde wie Fragen der Aufstellung, der Ausbildung und der Taktik entsprechender Einheiten. „In verzweifelter Lage“, hieß es in der von Arthur Ehrhardt verfassten Schrift einleitend, sei „er das letzte Mittel, Freiheit und Leben des Volkes bis zum äußersten zu verteidigen“.[35] Neben der Bekämpfung von „Feindkräften“ gehöre zum Ziel des Kleinkrieges auch die „Ausrottung der Helfershelfer des Feindes und Durchkreuzung aller feindlichen Maßnahmen durch rücksichtslosen Kampf.“[36]

Diese Schrift fand in den folgenden Jahrzehnten auch in der extremen Rechten vielfach Verbreitung. 1970 – in der Phase der Neuorientierung und Radikalisierung der extremen Rechten nach dem Scheitern der NPD bei den Bundestagswahlen im September 1969 – wurde die Schrift als Heft der Monatszeitschrift „Nation Europa“ nachgedruckt, deren Gründer und Herausgeber seit 1951 der ehemalige Hauptsturmführer der Waffen-SS Arthur Ehrhardt war. In den späten 1980er- und frühen 1990er-Jahren wurden mehrere Auflagen durch den ehemaligen NPD-Landtagskandidaten Karl-Heinz Dissberger und dessen „Barett-Verlag“ vertrieben. 1980 waren im Rahmen einer Durchsuchung bei Dissberger Pistolen, Munition und mit dem Sprengstoff TNT gefüllte Handgranaten gefunden worden. 1992 wurden Auszüge der Schrift in der Publikation „NS-Denkzettel“ nachgedruckt, die von der im Raum Berlin aktiven Gruppe „Weißer Arischer Widerstand“ verbreitet wurde.[37] Von der NPD wurden die „Winke für Jagdeinheiten“ in der „Deutsche Stimme Verlagsgesellschaft“ ebenfalls zum Verkauf und zur Lektüre angeboten.[38] Neben dieser Schrift kursierten in der neonazistischen Szene auch Anleitungen von US-amerikanischen Spezialeinheiten zur subversiven Kampfführung sowie ein vom Schweizerischen Unteroffiziersverband herausgegebenes Handbuch für Sabotage- und Kommandoaktionen.[39] Diese Publikation gehörte beispielsweise zur Lektüre von Raimund Hörnle, der an den Terroraktionen der DA beteiligt war.[40] Auch der VSBD-Aktivist Frank Schubert hatte es im Besitz.[41]

Neben solchen Schriften, die technische und organisatorische Aspekte in den Mittelpunkt stellten, spielten für die Diskussion und Realisierung extrem rechten Terrorismus insbesondere fiktionale und programmatische Schriften eine zentrale Rolle, in denen politische Begründungen für Gewalthandlungen geliefert und strategische Handlungsansätze vorgestellt oder als vorbildlich propagiert wurden. Große Übereinstimmung bestand dabei in der Beschreibung der Lage. Ihr zufolge sei die Vorherrschaft der „weißen Rasse“ durch Migrationsbewegungen und „Rassenmischung“ bedroht. Dies mache ein sofortiges und entschlossenes Handeln unmittelbar notwendig, auch wenn dies gegenwärtig nur von einer kleinen Minderheit getragen werde. Zur Abwehr der Gefahr sei jedes Mittel recht.

Seit Anfang der 1990er-Jahre fand eine von den Neonazis Henry Fiebig und Christian Scholz verfasste und unter dem Namen „Hans Westmar“ (nach dem gleichnamigen NS-Propagandafilm von 1933) verbreitete zweibändige Schrift mit dem Titel „Eine Bewegung in Waffen“ Verbreitung, die in zahlreichen Folgen auch im „NS-Kampfruf“, der Zeitung der illegalen NSDAP/AO, nachgedruckt wurde. Der erste Band befasst sich unter dem Titel „Massenpsychologie, Propaganda und Revolution“ insbesondere mit der Beeinflussung großer Bevölkerungsgruppen und dem Einsatz von Zeitungen sowie mit Grundsätzen der angestrebten „nationalsozialistischen Revolution“. Mit Blick auf die angestrebte vollständige Beseitigung demokratischer Strukturen wird an alle „NS-Kämpfer“ die Forderung gerichtet, „alles rücksichtslos und brutal zu vernichten, was glaubt, sich ihm in den Weg stellen zu müssen“.[42] Der zweite Band skizziert das Verhältnis von legalem und illegalem Kampf, wobei der legalen politischen Tätigkeit die Aufgabe zukomme, neue Aktivist*innen zu gewinnen und zu schulen sowie aufbegehrende Bevölkerung zu organisieren. Der illegale Arm der Bewegung habe zum einen die legalen Aktivitäten zu steuern, seine Aufgabe bestehe darüber hinaus zudem in der „Durchführung von Werwolfaktionen“, die mit dem „Ziel unseres politischen Kampfes, die Revolution zur endgültigen Durchsetzung der Lebensrechte der deutschen Nation“[43] gerechtfertigt werden. Mit Blick auf den geforderten Kampf gegen das politische System werden in längeren Passagen dann Aufgaben der Kleinkriegsführung beschrieben (u. a. „Ausrottung der Kollaborateure etc.“) und dessen Phasen (Vorbereitungsphase; verdeckter Kampf; offener Kampf) in Beziehung zu legalen Aktivitäten gesetzt. Im Rahmen der Vorbereitungen gehe es um die „Herausbildung eines geeigneten Werwolfkaders“ und eines logistischen Netzwerkes, das „elitären ‚Hightech-Terrorismus‘“[44] ermögliche. Gegen die „Legalitätsfanatiker“ in den eigenen Reihen wird die Erklärung von Goebbels zum Werwolf-Kampf vom 1. April 1945 ins Feld geführt.[45] Besonders betont wird die propagandistische Aufgabe, die terroristischen Akte als Notwehrmaßnahmen auszugeben. Zu den Kampfmitteln werden – zum Teil in expliziter Anlehnung an die „Winke für Jagdeinheiten“ – Sabotage, Zerstörungen, „Enteignungen“ (= Banküberfälle und Raub von Waffen und Sprengstoff) sowie Geiselnahmen und Attentate gezählt. Letztere hätten sich insbesondere gegen „die Scherge (sic!) des Repressionsapparates“ und „alle diese Volksschädlinge (...) in der Vielzahl der Fälle insbesondere Systempolitiker“[46]

zu richten. Für solche Morde beanspruchen die Autoren der Schrift auch, Recht zu sprechen: „Das Attentat ist für den Werwolf die einzige Möglichkeit einer Art Rechtsprechung im weitesten Sinn (...) Wir sind das Recht, weil wir der Staat von morgen sind!“[47] Schließlich enthält ein 1992 ebenfalls unter dem Titel „Eine Bewegung in Waffen“ veröffentlichter Text zahlreiche Anleitungen zum Bau von Brand- und Sprengbomben sowie für Zünd- und Sprengtechnik.[48]

Ab 1992 zirkulierte zunächst in den USA, bald jedoch auch in Europa das „White Resistance Manual“ („Leitfaden des weißen Widerstands“) von Louis Beam, der zunächst in verschiedenen Gruppen des rassistischen „Ku Klux Klan“, später bei den „Aryan Nations“ aktiv war. Beam greift in der Schrift einen Ansatz auf, den bereits in den 1950er-Jahren der US-Geheimdienstoffizier Ulius Louis Amoss entwickelt hatte: Zur Destabilisierung der sowjetischen Einflusszone sollten keine zentral gesteuerten und damit leicht angreifbaren Agentennetze genutzt werden, sondern unabhängig voneinander operierende Zellen ohne hierarchische Führung. Diese Idee des „führerlosen Widerstandes“ („leaderless resistance“) wurde von Beam in zwei Varianten vorgestellt. Eine Möglichkeit stellt der Einzelkämpfer („lone wolf“) dar, der den bewaffneten Kampf auf sich selbst gestellt führt; die andere Form sind kleine, unabhängig voneinander operierende Zellen von wenigen Personen, die sich langjährig kennen und daher einander vertrauen. In diesen Kleingruppen kann eine Ausdifferenzierung von Fachkenntnissen und Fähigkeiten stattfinden, die es der Zelle erlaubt, auch umfangreichere Anschläge durchzuführen. Aus Sicht des Autors ist es am sichersten, wenn in solchen Zellen nur Neonazis und Rassisten zusammenfinden, die bisher nicht öffentlich aufgetreten oder den Medien bekannt sind. Die meisten Seiten des „White Resistance Manual“ sind mit technischen Anleitungen für den Bau und den Einsatz einer großen Bandbreite von Waffen und Sprengmitteln gefüllt; allerdings werden auch die vier zentralen Ziele dargestellt, an denen sich die Verwendung dieser Bewaffnung orientieren soll. Diese umfassen die Zuspitzung bestehender Spannungen zwischen Angehörigen verschiedener „Rassen“ bis zu einer Situation des offenen Konfliktes zwischen Weißen und Nicht-Weißen, die Zerschlagung jüdischen Einflusses in der ganzen Welt, die Zerstörung der Legitimität der gegenwärtigen Regierung und das Angebot einer rechtmäßig erscheinenden Alternative sowie schließlich die Bestrafung derjenigen Weißen, die sich gegenüber „ihrer Rasse“ als Verräter verhalten haben.

Bereits 1978 war in den USA ein Roman erschienen, mit dem der Autor – der US-amerikanische Neonazi William Pierce – wichtige Anregungen für den Terrorismus von rechts lieferte.[49] Die unter dem Pseudonym Andrew Macdonald verbreiteten „The Turner Diaries“ (dtsch: „Die Turner-Tagebücher“) propagieren die Unausweichlichkeit eines „Rassen-Krieges“ und wurden besonders seit Mitte der 1990er-Jahre in deutschsprachiger Übersetzung in der neonazistischen Szene der Bundesrepublik Deutschland verbreitet. In Form eines historischen Rückblickes aus dem Jahr 2099 wird entlang von Tagebucheinträgen aus Sicht des rassistischen Aktivisten Earl Turner dargestellt, dass ein Großteil der Weltbevölkerung nichteuropäischer Herkunft in einem „Rassenkrieg“ getötet wurde und seitdem eine „weiße Weltregierung“ an der Macht ist. In dem Roman wird als unmittelbarer Auslöser des Krieges die Verabschiedung eines Gesetzes zum Verbot des Besitzes von Schusswaffen durch Privatpersonen angeführt. Dem Initiator des Gesetzes wird vom Erzähler der als jüdisch markierte Familienname „Cohen“ zugewiesen – eine von zahlreichen Wegen, durch die der Autor das politische System, gegen das sich der Krieg im Folgenden richtet, als vom Judentum kontrolliert darstellt. Auch die Entscheidung der Bundesbehörden, zur Durchsetzung der Entwaffnung Afroamerikaner*innen einzusetzen, wird als zusätzliche Kriegserklärung verstanden. Turner bildet daraufhin mit anderen Personen eine Untergrundgruppe mit dem Namen „Die Organisation“, die nicht nur das Recht auf Waffenbesitz verteidigt, sondern den politischen Umsturz betreibt. Hierzu werden Sabotage- und Bombenattentate, u. a.

auf das FBI-Hauptquartier, durchgeführt. Die Verfügung über Nuklearwaffen erlaubt es der Organisation, den Krieg global zu führen und beispielsweise Israel und die Sowjetunion anzugreifen. Turner selbst gerät in Gefangenschaft und macht Aussagen über „Die Organisation“, u. a. über die Existenz der Führungsstruktur, die die Bezeichnung „Order“ trägt. Um sich zu rehabilitieren, stimmt er einem Selbstmordattentat (Flugzeug mit Atombombe ins Pentagon) zu. Die rassistische und antisemitische Gewalterzählung nimmt in vielfacher Weise auf weltanschauliche Elemente der White Supremacy-Bewegung („weiße Vorherrschaft“) und das in den USA weit verbreitete Misstrauen gegen die Bundesregierung in Washington Bezug.[50]

In den USA hat sich in den frühen 1980er-Jahren die neonazistische Organisation „The Order“ (auch: „Silent Brotherhood“) von der Schrift anregen lassen. Neben mehreren Überfällen zur Geldbeschaffung und Anschlägen auf eine Synagoge und ein Theater hat die Organisation auch den Mord an dem Radiomoderator Alan Berg zu verantworten. Die rassistisch und antisemitisch auftretende Gruppe wollte im Nordwesten der USA einen eigenen Staat errichten („Northwest Territorial Imperative“), der hellhäutigen Menschen vorbehalten sein sollte. Juden* sollten ausgeschlossen bleiben.

Es gilt als sicher, dass der in den „Turner Tagebüchern“ geschilderte Anschlag auf ein FBI-Gebäude als Anregung für den am 19. April 1995 von Timothy McVeigh mit Unterstützung von Terry Nichols und Michael Fortier durchgeführten Anschlag auf das Murrah Federal Building in Oklahoma gedient hat. In ihm befanden sich ebenfalls Bundesbehörden. 168 Menschen wurden getötet. Noch heute tragen Neonazis T-Shirts mit der Zahlenkombination 168:1, mit der die Zahl der Opfer dem am 11. Juni 2001 hingerichteten Haupttäter gegenübergestellt wird. In England gab der Neonazi David Copeland zu, dass der Roman ihn zu seinen Nagelbombenanschlägen gegen Homosexuelle und dunkelhäutige Bengali im April 1999 angeregt hatte. Übersetzungen des Textes liegen auch in die französische, portugiesische und deutsche Sprache vor. In zahlreichen neonazistischen Publikationen wurde in zustimmender Weise auf die „Turner Tagebücher“ Bezug genommen; nach dem Auffliegen des NSU wurde die Schrift bei Hausdurchsuchungen auch bei Ralf Wohlleben und André Eminger gefunden.[51]

Einen weiteren Roman mit dem Titel „Hunter“ („Jäger“) veröffentlichte William Pierce Ende der 1980er-Jahre.[52] Die Hauptperson mit dem Namen Oscar Yeager und die Handlung sind an das Leben des US-amerikanischen Neonazis James Clayton Vaughn angelehnt, der unter dem Namen Joseph Paul Franklin zwischen September 1976 und August 1980 aus rassistischen und antisemitischen Motiven über zehn Morde beging. In dem Roman wird die Figur Oscar Yeager – Ingenieur, Vietnam-Veteran und beruflich für das US-Verteidigungsministerium tätig – als kaltblütiger und professioneller Killer gezeichnet, der insbesondere interkulturelle Paare ermordet, um die seiner Ansicht nach verwerfliche „Rassenmischung“ zu bekämpfen. In die detaillierten Beschreibungen der Morde eingeflochten sind zahlreiche Ausführungen zu angeblichen „rassischen Gefahr“ durch „schlamm-farbige Mischlinge“[53], über den Niedergang der Gesellschaft sowie über die Verachtung gegenüber demokratischer Politik. Im Verlaufe des Romans tötet Yeager weit über 100 Menschen, darunter auch Politiker und Personen des öffentlichen Lebens. Als Serienmörder handelt Yeager alleine; gleichwohl agiert er zeitweise als Anführer einer Zelle organisierter Rassist*innen beziehungsweise kooperiert mit dem FBI.

Auch dieser Roman ist in der neonazistischen Szene in Deutschland bekannt gewesen, wenn auch deutlich weniger als die „Turner Diaries“. Im Rahmen einer Werbeaktion zur Finanzierung des zeitweise bedeutendsten deutschsprachigen neonazistischen Internet-Forums „Thiazi“ wurde die deutsche Übersetzung ab 2011 verbreitet. Der Serienmörder Franklin wurde in einer neonazistischen Publikation porträtiert, sein Name auf der Gefangenenliste der neonazistischen

„Hilfsgemeinschaft für politische Gefangene und ihre Angehörigen“ (HNG) geführt.[54]

Schließlich ist mit „The Uprising“ [„Der Aufstand“] an eine weitere Publikation zu erinnern, in der in fiktionaler Form, aber mit erkennbaren Bezügen auf reale Personen und Ereignisse die Idee eines bewaffneten terroristischen Vorgehens entworfen wird. Der Autor der 2004 veröffentlichten Schrift, Colin Jordan, ist langjähriger Aktivist neonazistischer Gruppen in Großbritannien und entwirft die BFF („British Freedom Force“) als ein elitäre Organisation, die nicht auf eine Organisierung von Massen zielt, sondern auf der Basis einer Zellenstruktur durch exemplarische Aktionen gegen staatliche Einrichtungen sowie gegen Individuen vorgeht, die in extrem rechter Weltsicht die Dekadenz der liberalen Gesellschaft symbolisieren.[55]

Von besonderer Bedeutung für das Verständnis des rassistischen und antisemitischen Terrorismus in der Bundesrepublik Deutschland seit den 1990er-Jahren sind schließlich die im Zusammenhang mit der Gruppe „Blood & Honour“ und deren terroristischem Arm „Combat 18“ entstandenen Schriften, insbesondere „The Way Forward“ und das „Field Manual“. Autor der beiden unter dem Pseudonym Max Hammer erschienenen Schriften war der norwegische Neonazi Erik Blücher. „Blood & Honour“ – der Name leitet sich von der Gravur „Blut und Ehre“ auf den Fahrtmessern der Hitler-Jugend ab – wurde als Teil eines internationalen Netzwerkes ab 1994 auch in Deutschland aufgebaut. Rasch wird die Struktur zur wichtigsten Akteurin bei der Veranstaltung von neonazistischen Konzerten und beim Vertrieb entsprechender CDs, auf denen rassistische und antisemitische Hetze verbreitet und zu exzessiver Gewalt aufgerufen wurde. Die deutsche Division von „Blood & Honour“ wurde am 12. September 2000 gemeinsam mit der Jugendorganisation „White Youth“ verboten.

Innerhalb von „Blood & Honour“ hatte sich unter der Bezeichnung „Combat 18“ bereits früh eine Strömung gebildet, deren Interesse sich nicht in der musikalischen und textlichen Propaganda für den Einsatz von Gewalt zur Durchsetzung politischer Ziele erschöpfen sollte. In einer der ersten Ausgaben der Zeitschrift der „Blood & Honour“-Division Deutschland war bereits unter Verweis auf den Ansatz des „führerlosen Widerstandes“ dazu aufgerufen worden, den „Rassenkrieg“ vorzubereiten, sich konspirativ zu organisieren und bereit zu sein, das eigene Leben zu opfern. An anderer Stelle wurde für „Combat 18“ eine Struktur empfohlen, bei der aus logistischen Gründen oder zur Durchführung koordinierter Terroraktionen zwischen den unabhängigen Zellen Kontakt über einzelne Personen bestehen sollten.[56]

Die beiden von Erik Blücher herausgegebenen Schriften sollten ab Ende der 1990er-Jahre dazu beitragen, die neonazistische Bewegung im allgemeinen und die Struktur „Blood & Honour“ im besonderen „für das kommende Jahrhundert – das Jahrtausend totaler weißer Macht”[57] geistig vorzubereiten. Entsprechend findet sich neben Verschwörungstheorien über „die Juden“, die im Hintergrund die Fäden ziehen, die Beschwörung des Untergangs der „weißen Europäer“. In dieser Situation gehe es nicht darum, die Bevölkerung politisch zu gewinnen, vielmehr müsse die in unzähligen Songtexten verbreitete Parole „Sieg oder Tod“ tatsächlich als „Ruf zu den Waffen“ verstanden werden. Mit einer Gruppierung wie „Combat 18“, die von den politischen Gegner*innen gefürchtet werde, sei ein wichtiger Schritt getan. In der zweiten Publikation tritt Blücher dafür ein, die Anwendung politischer Gewalt von rechts strengen Nützlichkeitskriterien zu unterwerfen und diese sorgfältig zu planen. Die US-amerikanische Neonazi-Gruppe „The Order“ gilt ihm dabei als positives Beispiel. Ob das Konzept des „führerlosen Widerstandes“ sinnvoll sei, müsse von Land zu Land entsprechend den jeweiligen Bedingungen entschieden werden. In Deutschland sei diese Organisations- und Kampfweise aufgrund der starken staatlichen Repression eine zwingende Notwendigkeit.

In Deutschland wie in anderen europäischen Ländern blieb es nicht bei der Verbreitung solcher programmatischen Schriften. Sie wurden gelesen, diskutiert und in die Tat umgesetzt.

Entsprechende Gruppierungen gingen dann wieder an die neonazistische Öffentlichkeit; in einem Interview in der Zeitschrift „Hamburger Sturm", die von dem norddeutschen „Blood & Honour"-Aktivisten Torben Klebe mit herausgegeben wurde, rief im Mai 1999 eine „Nationalrevolutionäre Zelle" zum bewaffneten Kampf auf. Die Gruppe, die sich im Umfeld von „Blood & Honour"-Strukturen in Berlin und Brandenburg organisiert hatte und über Waffen und Sprengstoff verfügte, flog im Juni 2000 auf.

Werden die fiktionalen, programmatischen und technischen Schriften, die in neonazistischen Kreisen immer wieder Verbreitung fanden, in ihrer Gesamtheit betrachtet, so lassen sich aus ihnen grundlegende Dimensionen rechtsterroristischen Handelns ableiten:

- Die Texte drücken die in extrem rechten Zusammenhängen im Grundsatz geteilte Weltsicht aus, nach der ein für die „weiße Rasse" beziehungsweise die „europäischen Völker" zerstörerischer Prozess der Einwanderung und der „Rassenmischung" stattfinde und ein „Rassenkrieg" unvermeidbar bevorstehe. Hierfür wird vor allem „das System" verantwortlich gemacht, dessen Vertreter*innen vielfach als jüdisch kontrolliert angesehen werden (ZOG = „Zionist occupied government"/"zionistische Besatzungsregierung").
- Die Schilderung der gegenwärtigen gesellschaftlichen und politischen Situation gipfelt in der Behauptung einer bevorstehenden gesellschaftlichen Katastrophe, die unmittelbare Taten erfordere. Diese müssten im Zweifelsfall von einer kleinen „Elite" bzw. Avantgarde getragen werden, die den Ernst der Lage verstanden habe und sich vor möglichen negativen Rückwirkungen auf die eigene Person (Tod, Inhaftierung, soziale Ächtung) nicht scheue.
- Gewaltsames Handeln wird entweder als „natürliche Reaktion" gegen die als „volkszerstörend" behauptete Einwanderung gerechtfertigt oder mit der Grundsätzlichkeit und der Dringlichkeit des Problems begründet. Neben der Berufung auf ein angebliches „Widerstandsrecht" und der

Formulierung einer „moralischen Pflicht“ zum gezielten Einsatz von Gewaltmitteln finden sich auch Positionen, die in terroristischen Akten den Vollzug von Recht im Sinne eines künftigen NS-Regimes propagieren („Bestrafung von Volksschädlingen“).

- Terroristisches Gewalthandeln wird als subjektiv befreiend dargestellt, indem die damit verbundene Handlungsmacht als eine realisierbare Form des Eingreifens in die als bedrohlich empfundene Wirklichkeit beschrieben wird.
- In den Texten werden Strategien der Organisierung („lone wolf“; „führerloser Widerstand“; „Zellenbildung“) und Taktiken terroristischer Gewaltanwendung dargestellt, die eine Vielzahl von Aspekten berühren (z. B. bewusster Verzicht auf Bekennerschreiben; Einsatz von Schalldämpfern; Typ der Fluchtfahrzeuge; Tötungsart; leichte Nachahmbarkeit durch geringen technischen Aufwand beziehungsweise geringe Spezialkenntnisse; Verbreitung allgemeiner Furcht durch willkürliche Auswahl von Zielen).
- Die Schriften enthalten umfangreiche Hinweise zur Beschaffung, zum Bau und zum Einsatz einer großen Bandbreite von Waffen und Sprengstoffen.

Die mit Blick auf die genannten Schriften erkennbare internationale Dimension des Rechtsterrorismus hat sich in den letzten Jahren noch verstärkt. Sie findet ihren Ausdruck nicht nur in der grenzüberschreitenden Verherrlichung des norwegischen Rechtsterroristen Anders Breivik, der als Vorbild angegeben wird, sondern auch in der Nachahmung spezifischer Techniken. Dies gilt etwa für den Terroranschlag in Halle/Saale vom 9. Oktober 2019, den der Täter live ins Internet übertrug. Er folgte damit dem Beispiel des neuseeländischen Rechtsterroristen Brenton Tarrant, der seinen Anschlag auf zwei Moscheen in Christchurch am 15. März 2019, bei dem 51 Menschen im Alter zwischen 3 und 71 Jahren starben und weitere 50 verletzt wurden, live streamte. Wie Tarrant und Patrick Wood Crusius, der am 3. August 2019 im US-amerikanischen El Paso aus rassistischen Motiven tötete, verbreitete auch Stephan

Balliet kurz vor der Tat ein Bekenntnis im Internet. Dieser Tatmodus, der in Anlage und Durchführung an Ego-Shooter erinnert, bei der beispielsweise auch die Waffenauswahl nach spezifischen Kriterien (Distanz, Kadenz u. ä.) erläutert wird, soll nicht zuletzt Nachahmungstäter*innen ermutigen und als Anleitung dienen.

Thüringen: Der Weg in den Rechtsterrorismus

Mit dem Ende der deutschen Zweistaatlichkeit wandelten sich auch die Strukturen und Handlungsmöglichkeiten der extremen Rechten in Deutschland. In der alten Bundesrepublik Deutschland hatten einige NPD-nahe Wahllisten in den frühen 1980er-Jahren erste Wahlerfolge erzielt, indem sie die Themen Asyl und Migration rassistisch aufgeladen hatten. Mit dem von 15 Professoren unterzeichneten „Heidelberger Manifest" lag 1981 zudem erstmals in der Nachkriegsgeschichte Deutschlands eine in weiten Teilen der Öffentlichkeit wahrgenommene Rechtfertigung von Rassismus durch Personen aus der Wissenschaft vor. Während die NPD in Bund und Ländern bedeutungslos blieb, konnten die 1983 gegründete Partei „Die Republikaner" (REP) sowie die 1987 auf der Basis eines bereits 1971 gegründeten Vereins ins Leben gerufene „Deutsche Volksunion – Liste D" (DVU) erfolgreich von den rassistischen Einstellungen eines Teils der Bevölkerung profitieren. Die DVU zog bei den Wahlen 1987 zur Bremer Bürgerschaft sogleich mit einem ersten Abgeordneten in das Landesparlament des Stadtstaates ein; die REP erzielten 1989 bei den Wahlen zum Europäischen Parlament sowie zum Berliner Abgeordnetenhaus jeweils über sieben Prozent der Stimmen.

Ausgehend von den frühen offen als nationalsozialistisch auftretenden Zirkeln der 1970er-Jahre bildete sich in den 1980er-Jahren mit der „Aktionsfront Nationaler Sozialisten/Nationale Aktivisten" (ANS/NA) eine gewalttätige und aktionsorientierte neonazistische Organisation. Nach deren Verbot am 24. November 1983 stellten insbesondere die „Freiheitliche Deutsche Arbeiterpartei" (FAP) sowie kleinere Gruppierungen wie die „Nationale Liste" (NL) wichtige Strukturen dieser Szene dar; zu dieser waren auch einige der im Rahmen des sogenannten Häftlingsfreikaufs in die Bundesrepublik Deutschland übergesiedelten Neonazis gestoßen. Diese neonazistischen Strukturen entfalteten eine rege Aktionstätigkeit, führten Demonstrationen durch und organisierten gewalttätige Angriffe.

Auf dem Gebiet der DDR war die Bildung organisierter extrem rechter und neonazistischer Strukturen nur eingeschränkt möglich. Immer wieder äußerte sich Systemgegnerschaft jedoch auch in Form der Zustimmung zu und Verbreitung von extrem rechten Standpunkten. Rassistisch motivierte Gewalttaten gegen Vertragsarbeiter*innen, Schändungen jüdischer Friedhöfe und Hakenkreuzschmierereien wurden vom DDR-Nachrichtendienst zwar erfasst, eine politische Diskussion über die Gründe und mögliche staatliche und gesellschaftliche Reaktionen fand jedoch kaum statt. Zum Teil wurde das gewaltsame Auftreten von Nazi-Skinheads gegen Punks auch geduldet, da letztere zentrale Wertvorstellungen der realsozialistischen Gesellschaft sichtbar in Frage stellten. In den 1980er-Jahren existierten bereits Gruppen wie die „Lichtenberger Front“ und die „Vandalen“ in Ostberlin, die „Wotansbrüder“ in Halberstadt, die „SS-Division Walter Krüger“ in Wolgast[58] sowie die „Weimarer Front“ in Thüringen. Vor allem nach dem Überfall einer Gruppe von 30 Nazi-Skinheads auf ein Konzert in der Zionskirche in Berlin am 17. Oktober 1987 fand diese Entwicklung auch in der DDR-Presse Beachtung. In den nachfolgenden Strafverfahren wurden demonstrativ hohe Strafen ausgesprochen, die jedoch vor allem auf den Straftatbeständen des „Rowdytums“ und der „öffentlichen Herabwürdigung“ beruhten. Eine bei der Kriminalpolizei in Ost-Berlin in den späten 1980er-Jahren eingerichtete „Arbeitsgruppe zur Bekämpfung rechtsradikal motivierter Kriminalität und Selbstjustiz“ erfasste bis 1989 über 1.000 gewaltbereite Neonazis namentlich sowie etwa 6.000 Rechtsextreme, die sich in losen Strukturen zusammengefunden hatten.[59]

Das Ende der deutschen Zweistaatlichkeit wurde – ähnlich wie auch der Zerfall der UdSSR und der Sozialistischen

Föderativen Republik Jugoslawien – von der extremen Rechten als Bestätigung der Wirkmächtigkeit des „völkischen Prinzips“ interpretiert. Ihm zufolge seien Ausdehnung und Grenzen der Staatsgebiete an die Lebensräume der jeweiligen „Völker“ anzupassen. Mit dem Beitritt der DDR zur Bundesrepublik Deutschland war für die extreme Rechte insofern nur ein erster Schritt getan, dem weitere – insbesondere die Angliederung der ehemaligen deutschen Ostgebiete sowie Österreichs – zu folgen hätten. Die DDR hat bereits am 6. Juli 1950 die durch die Flüsse oder und Neiße gebildete Staatsgrenze zwischen der Volksrepublik Polen und der DDR anerkannt. In der Bundesrepublik Deutschland (alt) war die Ostpolitik bis weit in die 1960er-Jahre auf eine Revision der Grenzen ausgerichtet; nach Abschluss des Warschauer Vertrages 1970 waren es insbesondere der „Bund der Vertriebenen – Vereinigte Landsmannschaften und Landesverbände e. V.“ (BdV), Teile der CDU/CSU sowie die extreme Rechte, die die Grenzregelung nicht akzeptierten beziehungsweise an der Rückforderung der Gebiete festhielten.

Sah sich die extreme Rechte in ihrem Selbstbild als konsequenteste Verfechterin der „Einheit aller Deutschen“, so blieben gute Wahlergebnisse in den ostdeutschen Bundesländern zunächst aus. Bis Mitte der 1990er-Jahre kamen weder NPD noch REP und DVU in den ostdeutschen Bundesländern über einen Anteil von 1,4 Prozent der abgegebenen Zweitstimmen hinaus.[60]

Besondere Bedeutung für die weitere Entwicklung der extremen Rechten in der Bundesrepublik Deutschland hatte die sogenannte Asyl-Debatte zu Beginn der 1990er-Jahre. Insbesondere aufgrund der Kriege im ehemaligen Jugoslawien suchte eine steigende Zahl von Geflüchteten in Deutschland Schutz und Asyl. Bereits in den 1980er-Jahren war durch mehrere gesetzliche Regelungen die Inanspruchnahme des Rechtes auf Asyl erschwert und die Situation von Asylsuchenden verschlechtert worden (u. a. Beschleunigungsgesetz 1980; Asylverfahrensgesetz 1982). Seit 1986 setzte die CDU/CSU darauf, in Wahlkämpfen mit Hilfe des Themas „Asyl“ Stimmen zu gewinnen und Druck auf die SPD auszuüben, um diese zur Zustimmung zu einer Grundgesetzänderung des Artikels 16 Grundgesetz zu bewegen. Bei den Wahlen zum Deutschen Bundestag 1990 bedienten sich die Unionsparteien Szenarien, denen zufolge 50 Millionen Asylberechtigte vom afrikanischen Kontinent nach Deutschland kommen könnten. Im September 1991 setzte sich der damalige CDU-Generalsekretär Volker Rühe für eine breit angelegte Kampagne für eine weitgehende Einschränkung des Asylrechts ein. Insbesondere Medien wie die „BILD-Zeitung“ und die „Welt am Sonntag“ trugen mit ihrer dramatisierenden Berichterstattung zu einer weiteren Verschärfung der gesellschaftlichen Stimmung bei. Sie stellten die Asylsuchenden in ihrer großen Mehrheit regelmäßig als Betrüger*innen dar, betonten die entstehenden Kosten und erweckten durch die Veröffentlichung nichtrepräsentativer Stimmungsbilder den Eindruck, dass nahezu die gesamte Bevölkerung eine Grundgesetzänderung befürworte.[61] Indem den Spitzen von Parteien und wichtigen gesellschaftlichen Gruppen die Fähigkeit und Bereitschaft zu einer Lösung abgesprochen wurde, konnten sich diejenigen ermutigt fühlen, die die Vertreibung von Asylsuchenden selbst in die Hand nehmen wollten.

Flächendeckend kam es im Kontext der derart zugespitzten Debatte um eine Einschränkung des grundgesetzlich geschützten Asylrechts in Deutschland seit Sommer 1991 zu rassistischer Gewalt. Die Zahl politisch motivierter rechter Gewalttaten stieg von 309 im Jahr 1990 auf 1.492 im Jahr 1991 und noch einmal auf 2.639 Fälle im Jahr 1992. Im folgenden Jahr ging die rechte Gewalt, soweit sie von den amtlichen Statistiken erfasst wurde, leicht auf 2.232 Fälle zurück. In sächsischen Hoyerswerda griffen im Zeitraum vom 17. bis zum 23. September 1991 Neonazis und Rassist*innen – unterstützt durch Umstehende – zunächst ein Wohnheim für Vertragsarbeiter*innen und dann ein Flüchtlingswohnheim und deren Bewohner*innen mit Steinen, Eisenkugeln und Brandflaschen an. Als Reaktion auf die rassistische Gewalt wurden die Betroffenen der Angriffe von der Polizei aus der Stadt transportiert und viele von ihnen abgeschoben.

An vielen anderen Orten wurden – zum Teil durch große Gruppen und am helllichten Tage (Greifswald, Mannheim-Schönau), zum Teil in Form nächtlicher Brandanschläge – rassistische Angriffe auf Flüchtlinge oder auf als „Ausländer" markierte Menschen verübt. Im August 1992 kam es im Rostocker Stadtteil Lichtenhagen zu einem mehrtägigen Pogrom gegen Asylsuchende und vietnamesische Vertragsarbeiter*innen. Obwohl einzelne Rostocker Politiker angesichts von Überbelegung und unzumutbaren hygienischen Zustände bei der Zentralen Aufnahmestelle für Asylbewerber (ZAst) einerseits und rassistischen Äußerungen aus dem Stadtteil andererseits vor einer Zuspitzung der Lage gewarnt hatten, wurde dies von den Behörden ignoriert. Gruppen wie die Initiative „Rostock bleibt deutsch" und eine „Bürgerinitiative Lichtenhagen" verteilten in hoher Zahl Flugblätter mit rassistischen Botschaften beziehungsweise riefen dazu auf, „das Problem selbst in die Hand zu nehmen". In den örtlichen Printmedien wurden Ankündigungen von Gewalt und Ultimaten zur Räumung der ZAst abgedruckt.

Die rassistische Massengewalt, bei der mehrere Hundert extrem rechte Gewalttäter von bis zu 3.000 applaudierenden Zuschauer*innen unterstützt wurden, zog sich über mehrere Tage (22.–26. August 1992) hin. Zeitweise zog sich die Polizei komplett zurück, sodass das Gebäude der Vertragsarbeiter*innen, in dem sich noch über 100 Menschen befanden, in Brand gesteckt werden konnte.

Die Beteiligung an der rassistischen Massengewalt in Hoyerswerda und Rostock blieb weitgehend ohne strafrechtliche Konsequenzen; nur sehr wenige Täter*innen wurde verurteilt. In vielen Medien der extremen Rechten wurde diese Gewalt als „natürlicher Abwehrreflex" gerechtfertigt. Im Lichte der Zunahme rassistischer Gewalt und von Wahlerfolgen der DVU in Bremen (1991: 6,2 Prozent) und Schleswig-Holstein

(1992: 6,3 Prozent) sowie der REP in Baden-Württemberg (1992: 10,9 Prozent) verständigten sich CDU/CSU und SPD im Dezember 1992 auf eine weitreichende Beschneidung des Rechts auf Asyl durch die Änderung des Grundgesetzes und des Asylverfahrensgesetzes. Für die extreme Rechte hatte sich in den frühen 1990er-Jahren deutlich gezeigt, dass sie unter bestimmten Umständen die in der Bevölkerung vorhandenen rassistischen Einstellungen und Stimmungen ansprechen und mobilisieren kann. Zugleich sahen insbesondere die neonazistischen Strukturen, dass Akte der gewaltsamen Selbstermächtigung nicht nur zur Durchsetzung angestrebter Ziele (Vertreibung von Flüchtlingen; Einschränkung des Asylrechts) beitragen können, sondern angesichts einer als entscheidungsunfähig präsentierten politischen Elite auch über den Kreis der unmittelbar aktiven Gewalttäter*innen hinaus Zustimmung finden.

Auch in Thüringen kam es in den frühen 1990er-Jahren in rascher Folge zu gewalttätigen Angriffen auf Flüchtlinge und ehemalige Vertragsarbeiter*innen.[62] Die insbesondere in Gestalt einer rechten Skinhead-Jugendkultur wahrnehmbaren Gewaltmilieus, für die „Gewaltaktionen bereits zu DDR-Zeiten ein zentrales Handlungsschema war“[63], wurden in den frühen 1990er-Jahren zunehmend und systematisch politisiert. Zahlreiche nationalistische und neonazistische Rechtsrockgruppen entstanden – nicht wenige davon in Thüringen.[64] Konzerte, Grillparties und Kneipenbesuche trugen zur Vernetzung und zur Entstehung eines Gemeinschaftsgefühls bei; kollektives ritualisiertes Gewalthandeln nahm einen zentralen Stellenwert in der Herstellung von Gruppensolidarität ein[65] und spielte eine maßgebliche Rolle in der Durchsetzung rechter Vorherrschaft in Jugendclubs, Gaststätten und auf öffentlichen Plätzen. Vor die Entscheidung gestellt, an dieser Macht teilzuhaben oder Opfer dieser Gewalt zu werden, entschieden sich zahlreiche Jugendliche für den Einstieg in die rechten Cliquen und Strukturen. Angesichts in der Bevölkerung verbreiteter rassistischer und völkischer Einstellungen erschienen die extrem rechten Jugendszenen vielfach als wenig auffällig.

Spätestens nach der Grenzöffnung intensivierten alle in der Bundesrepublik Deutschland (alt) aktiven extrem rechten Organisationen ihre Bemühungen, um auch in den ostdeutschen Bundesländern Mitglieder zu gewinnen und Strukturen aufzubauen.[66] Beispielhaft zu nennen sind für Thüringen die „Aktion freies Deutschland“ von Wolfgang Juchem, der Anfang der 1990er wiederholt zu Vortragsveranstaltungen im Kreis Gotha einlud; die DVU gründete ihren Landesverband in Thüringen am 15. Juni 1991. Die „Freiheitliche Deutsche Arbeiterpartei“ (FAP), in der sich viele neonazistische Kader der ANS/NA nach deren Verbot am 24. November 1983 sammelten, verfügte über Gruppen und Aktivist*innen in Erfurt und Gera. Der „Nationale Aktivistenbund Thüringen“ fungierte als regionaler Ableger der neonazistischen „Gesinnungsgemeinschaft der Neuen Front“ (GdNF). Die „Nationale Offensive“ um den aus der FAP ausgetretenen Michael Swierczek konnte in Thüringen insbesondere in Weimar Fuß fassen, wo es der neonazistischen Gruppe 1991 zeitweise gelang, am „Runden Tisch gegen Gewalt“ teilzunehmen. Die 1989 gegründete neonazistische „Deutsche Alternative“, deren Führungspersonal seit September 1991 durch ostdeutsche Neonazis gestellt wurde, trat in Thüringen in Weimar, Eisenach, Gera, Jena, Nordhausen und Suhl auf, bevor sie am 10. Dezember 1992 von Bundesinnenminister Rudolf Seiters verboten wurde. Die NPD führte nach Gründung ihres thüringischen Landesverbandes jeweils am 3. Oktober 1991 und 1992 ihr „Deutschlandtreffen“ mit 600 (Gera) beziehungsweise 1.000 Personen (Arnstadt) durch. Anfang 1992 verließ ihr Landesvorsitzender Thomas Dienel die NPD und gründete am 19. April 1992 die „Deutsch Nationale Partei“ (DNP). Diese gab sich ein offen an der NSDAP orientiertes Programm und führte in der Folgezeit antisemitische Aktionen und Wehrsportübungen auf dem Truppenübungsplatz Drosselberg bei Erfurt durch.[67] Dienel war an wichtigen neonazistischen Demonstrationen in Sachsen und Thüringen als

Organisator beteiligt – beispielweise am Aufmarsch von etwa 2.000 Neonazis in Rudolstadt am 15. August 1992 zu Ehren von Rudolf Hess. Unter Verweis auf das rassistische Pogrom von Rostock rief er zur Tötung weiterer Ausländer auf. Nach seiner Verurteilung wegen Volksverhetzung, Beleidigung und Verunglimpfung des Andenkens Verstorbener im Dezember 1992 zerfiel die DNP rasch.

Die Mitgliederzahl des thüringischen Landesverbandes der NPD ging bis Mitte der 1990er-Jahre nicht über sechzig Personen hinaus. Erst mit der Übernahme der Führung der Partei auf Bundesebene durch Udo Voigt im März 1996 und der damit verbundenen stärkeren Öffnung der Partei für Neonazis konnte diese Zahl bis zum Ende des Jahrzehnts auf über 250 Mitglieder gesteigert werden.[68] Parallel zur NPD trat seit 1994 insbesondere die „Anti-Antifa Ostthüringen“ sichtbar auf. Diese bezog sich in ihrer Namensgebung auf Aktivitäten, die bei neonazistischen Organisationen seit 1989 rasch an Bedeutung gewonnen hatten und 1992 vom Hamburger Neonazi Christian Worch im „Index“, dem Mitteilungsblatt der „Nationalen Liste“, systematisiert propagiert wurden.[69] Unter dem Stichwort „Anti-Antifa“ sollten bundesweit Informationen (Namen, Privatanschrift, PKW, Berufstätigkeit usw.) über Personen gesammelt werden, die als politische Gegner*innen angesehen wurden. Hierzu wurden Anhänger*innen der politischen Linken ebenso gezählt wie Staatsanwälte oder Polizeibeamte. Im Jahr 1993 sorgte die bundesweit verbreitete Schrift „Der Einblick“ für Schlagzeilen, deren Inhalt vor allem aus etwa 200 in Form von schwarzen Listen zusammengetragenen Namen, Anschriften und Telefonnummern bestand. Die „Anti-Antifa Ostthüringen“ war eine der zahlreichen neonazistischen Gruppe jener Zeit, die sich an entsprechenden Aktivitäten beteiligte.[70]

Der zunächst noch niedrige Grad der Organisierung festigte sich in den frühen 1990er-Jahren zunehmend. Der trotz zahlreicher Demonstrationsverbote von den Neonazis in Rudolstadt durchgeführte Aufmarsch im August 1992 gab den Akteur*innen nicht nur Selbstvertrauen und führte weitere

Jugendliche an die Szene heran, sondern rief auch verstärkte Aufmerksamkeit bundesweit relevanter Neonazi-Kader hervor. Entsprechend der Bedeutungszunahme der „Anti-Antifa"-Kampagne wurden gewalttätige Angriffe und Überfälle zunehmend gezielter und brutaler – gegen alternative Jugendclubs, Punks und linke Projekte. Als Folge solcher Gewaltakte kam es auch zu Ermittlungsverfahren und Verurteilungen, so gegen Andreas Rachhausen, der in der Region Saalfeld-Rudolstadt eine zentrale Rolle bei neonazistischen Aktionen spielte und sich 1992 an einer paramilitärischen Übung beteiligt hatte, in der die Erstürmung von Gebäuden trainiert worden war. 1993 entzog er sich einem Haftbefehl des Kreisgerichts Rudolstadt, wurde später an die Bundesrepublik Deutschland ausgeliefert und während der Gefängnishaft vom „Thüringer Landesamt für Verfassungsschutz" (TLfV) als so genannte „Gewährsperson" mit dem Decknamen „GP Alex" angeworben. Er sollte insbesondere über die Gruppierung „Thüringer Heimatschutz" (THS) und dessen Anführer Tino Brandt Informationen liefern.

Der THS trat erstmals im Oktober 1994 unter diesem Namen auf und entwickelte sich rasch zur bedeutendsten neonazistischen Struktur in Thüringen. Wöchentliche Treffen, Aufmärsche, Propagandaaktionen und Gewalttaten gehörten zu den typischen Aktivitäten der rasch wachsenden Gruppe, deren Aktivist*innen neben Saalfeld und Rudolstadt vor allem aus Gera, Weimar, Gotha, Kahla, Sonneberg, Ilmenau und Jena („Kameradschaft Jena") stammten. In Jena wurden von der Gruppe Jugendclubs, Kneipen und öffentliche Orte als Treffpunkte genutzt. In der von André Kapke geführten „Kameradschaft Jena" waren auch Uwe Böhnhardt, Uwe Mundlos sowie die vor dem Münchner Oberlandesgericht angeklagten Beate Zschäpe, Ralf Wohlleben und Holger Gerlach aktiv. Man knüpfte bundesweite Kontakte, reiste zu Konzerten und Aufmärschen quer durch die Republik. Am 17. August 1996 nahmen Zschäpe, Mundlos und Gerlach, Kapke sowie Ralf Wohlleben an einer nicht angemeldeten Demonstration zu Ehren von Rudolf Hess in Worms teil, bei der fast 200 Neonazis von der Polizei festgesetzt wurden. In Thüringen selbst war der THS massiv an Einschüchterungen und Übergriffen gegen Punks und alternative Jugendliche beteiligt. Insbesondere die „Junge Gemeinde Stadtmitte“ in Jena war wiederholt Ziel von Angriffen.[71]

Mit dem Auftreten des THS ging eine zunehmende Kooperation und organisatorische Verschränkung von NPD und außerhalb der NPD organisierter Neonazis einher. Zeitweise gab es bei vier der elf NPD-Kreisvorsitzenden zugleich THS-Mitgliedschaften. Schließlich wurden auch Verbindungen in das burschenschaftliche Milieu gesucht. Bei einer Veranstaltung der „Burschenschaft Jenensia zu Jena“ im Dezember 1999 trat der THS als Ordnerdienst auf. Geladen war der Verleger Peter Dehoust, der im bayerischen Coburg die Zeitschrift „Nation & Europa“ herausgab. Als Vortragender beim THS-Ableger „Bildungswerk für Politik und Kultur“ war kurz zuvor – im September 1999 – bereits der in Südafrika lebende Rassist Claus Nordbruch aufgetreten.

Anführer des THS war bis Anfang 2001 der aus Rudolstadt stammende Tino Brandt, der bereits als Schüler neonazistische Propaganda machte und diese Aktivitäten auch nach dem Umzug ins ostbayerische Regensburg 1993 fortsetzte. Kurz danach kehrte er jedoch nach Thüringen zurück und beteiligte sich an der Organisierung von neonazistischen Konzerten und Aufmärschen; zudem versuchte er mit der Gruppierung „Deutscher Freundeskreis“ insbesondere Jugendliche anzusprechen und war nach polizeilicher Wahrnehmung und Erkenntnis an der Planung von Gewalttaten führend beteiligt.[72] Auch an dem in den frühen 1990er-Jahren für die bundesweite Vernetzung neonazistischer Aktivist*innen wichtigen Mailboxsystem „Thule-Netz“ sowie einem überregionalen Zeitungsprojekt – der „Berlin-Brandenburger Zeitung“[73] beziehungsweise ihrer Regionalausgabe „Neue Thüringer Zeitung“ – war Brandt beteiligt. Ein 1996 beruflich bedingter Umzug führte ihn als kaufmännischer Angestellter zum Coburger „Nation Europa Verlag“; Peter Dehoust – Verlagsleiter und Herausgeber der gleichnamigen Zeitschrift – kaufte auf Brandts Bitte hin im Juli 1996 im thüringischen Kahla ein Grundstück, das später für Schießübungen genutzt wurde.[74] An diesen nahmen aus André Kapke und Uwe Böhnhardt teil.[75] In Bayern wirkte Brandt an der Gründung eines „Fränkischen Heimatschutzes" mit. In Thüringen trat er zudem in die NPD ein und übernahm im dortigen Landesverband 1999 zunächst die Aufgabe des Pressesprechers, im Folgejahr dann die des stellvertretenden Landesvorsitzenden. Obwohl gegen ihn 35 Ermittlungsverfahren eingeleitet worden waren, kam es in diesem Zeitraum zu keiner rechtskräftigen Verurteilung. Mitte Mai 2001 wurde durch einen Bericht der Tageszeitung „Thüringer Allgemeine" schließlich bekannt, dass Tino Brandt 1994 vom Thüringer Landesamt für Verfassungsschutz als V-Mann angeworben worden und dafür mit etwa 200.000 Mark entlohnt worden war. Hinzu kamen Ausgaben für technisches Gerät, Kommunikation und Mobilität.

Seit Mitte der 1990er-Jahre war der THS – häufig in enger Zusammenarbeit mit der NPD – die aktivste neonazistische Struktur in Thüringen. Zahlreiche Gewalttaten wurden ihm zugeordnet, so beispielsweise Angriffe auf Gaststätten in Gräfenthal Ende Januar 1996 beziehungsweise in Lichte im März 1996. Im Rahmen eines Aufmarsches in Neuhaus am Rennweg am 4. Mai 1996 beendete der damalige Vorsitzende des „Nationaldemokratischen Hochschulbundes" (NHB), Alexander von Webenau, seine Rede damit, ab sofort werde „Bombe mit Bombe vergolten".[76] Im Rahmen der Kontakte zwischen der NPD und der US-amerikanischen Nazi-Organisation „National Alliance" hielt sich Webenau im Jahr 1998 für eine Woche bei deren Anführer William Pierce auf, dem Autor der Gewaltromane „Turner Diaries" und „Hunter". Im April 1997 wurden bei einem THS-Aktivisten bei einer Razzia ein Rohrbombenbausatz mit Metallteilen und eine Deutschlandkarte mit Markierungen entdeckt. In der Gaststätte „Heilsberg" hielt der THS nicht nur wöchentliche Treffen mit bis zu 120 Personen ab, sondern führte auch Konzerte durch. Bei einer polizeilichen

Durchsuchung wurde am 11. Oktober 1997 in der Gaststätte das bis dahin größte Waffenlager der extremen Rechten in Thüringen entdeckt. Ein bereits seit November 1995 gegen zwölf Personen – darunter Tino Brandt, Andreas Rachhausen, André Kapke und Mario Brehme – laufendes Ermittlungsverfahren wegen des Verdachts der Bildung einer kriminellen Vereinigung gemäß § 129 Strafgesetzbuch wurde wenige Wochen später nach § 170 Abs. 2 Strafprozessordnung eingestellt. Als Begründung wurde genannt, dass man nicht habe feststellen könne, dass der THS zum Zweck der Begehung von Straftaten gegründet worden sei.

Neben den THS- und NPD-Strukturen waren in Thüringen andere neonazistische Organisationen aktiv. Seit 1997 existierte eine „Blood & Honour"-Sektion im Bundesland; im selben Jahr wurde in Altenburg ein mit „Blood & Honour" gezeichnetes Flugblatt bekannt, in dem sechs linke Aktivist*innen und der CDU-Oberbürgermeister mit dem Tode bedroht wurden. An ihrer Spitze stand Marcel Degner, der zudem die zentrale Kasse der Organisation verwaltete. Er organisierte in Thüringen und Sachsen Konzerte, war aber auch maßgeblich an der in Thüringen gegründeten „Blood & Honour"-Jugendorganisation „White Youth" beteiligt. Degner wurde vom TLfV im Oktober 1996 als V-Mann angeworben und blieb eine wichtige Quelle bis in den Frühsommer 2001. Kurz vor dem Verbot der „Blood & Honour"-Organisation Mitte September 2000 wurde Degner aus Geheimdienstkreisen vor bevorstehenden Durchsuchungen gewarnt.[77]

An Aktivitäten von „Blood & Honour" beteiligten sich in der zweiten Hälfte der 1990er-Jahre auch Mitglieder der in Kahla ansässigen „Hatebrothers". Eines der Mitglieder betrieb in Jena das „Madley", also jenes Geschäft, in dem der im Münchner NSU-Prozess angeklagte Carsten Schultze eine Waffe erhielt, die später zur Kerngruppe des NSU gelangte.[78] Zu den „Blood & Honour"-Strukturen in Thüringen zählte das dortige Landeskriminalamt auch Mundlos, Zschäpe und Böhnhardt. Diese hatten enge Beziehungen zu den „Blood &

Honour"-Strukturen im benachbarten Bundesland Sachsen. Dort standen Jan Werner und Thomas Starke an der Spitze der „Blood & Honour"-Sektion. Starke war bereits zu DDR-Zeiten als Hooligan des FC Karl-Marx-Stadt aufgefallen und zum Informationszuträger des damaligen Staatsschutzes geworden. Nach einer Verurteilung wegen gefährlicher Körperverletzung und schwerer Brandstiftung, die ihn in die sächsische Haftanstalt Waldheim führte, wurde er dort von Zschäpe, Böhnhardt und Mundlos besucht. In den Folgejahren bewegte sich Starke weiterhin in der neonazistischen Musikszene und lieferte Mundlos auf dessen Bitte hin rund ein Kilo TNT-Sprengstoff.[79] In den Jahren 2000 bis 2011 wurde Starke vom Berliner Landeskriminalamt als Vertrauensperson „VP 562" geführt.

Die sächsische „Blood & Honour"-Sektion, insbesondere deren Strukturen in Chemnitz, hatte im Laufe der Jahre innerhalb der „Blood & Honour-Division Deutschland" beträchtlich an Bedeutung gewonnen. Neben zahlreichen Konzerten mit neonazistischen Musikbands existierte ein gut gehendes Musiklabel („Movement Records"); hinzu kamen mehrere Publikationen. Insbesondere an der Frage der Verteilung von Einnahmen aus dem Musikgeschäft kam es zum Konflikt zwischen „Blood & Honour Chemnitz" und der bundesweiten Struktur, der 1998 endgültig zum Bruch führte. Angesichts einer politisch bedeutsamer werdenden Diskussion über ein mögliches Verbot von „Blood & Honour", das dann im September 2000 tatsächlich erlassen wurde, entstanden neue, vor allem regional auftretende Gruppen. Im sächsischen Johanngeorgenstadt hieß sie „Brigade Ost" beziehungsweise „Weiße Bruderschaft Erzgebirge" (WBE), angeführt von den Brüdern Maik und André Eminger. Letztgenannter wurde im NSU-Strafprozess vor dem Oberlandesgericht München verurteilt. Die nur bis Ende 2001 existierende WBE führte monatliche Treffen durch und gab das Magazin „The Aryan Law & Order" heraus, in dem die rassistische Programmatik „weißer Überlegenheit" vertreten und die US-amerikanische terroristische Gruppe „The Order" gepriesen wurde. Auch die von dem US-Autor William Pierce stammenden „Turner-Tagebücher“ wurden in der Publikation vorgestellt.

Faszination auf die Neonazi-Szene in Deutschland übten auch die Rituale des rassistischen „Ku-Klux-Klan“ (KKK) aus. Diesem hatten sich in den späten 1960er-Jahren auch Angehörige der in Deutschland stationierten US-Truppen angeschlossen; mit Manfred Roeder wurde 1976 ein deutscher Neonazi von einer von David Duke geführten KKK-Sektion in die USA eingeladen. Wie in den USA so gab es auch auf dem Gebiet der Bundesrepublik Deutschland verschiedene, häufig sehr kurzlebige und miteinander konkurrierende KKK-Gruppierungen. Nach einem Deutschlandaufenthalt von Dennis W. Mahon, dem Anführer der „White Knights of the Ku Klux Klan“, im September 1991 wurden in den Folgejahren in mehreren Bundesländern verstärkt Anzeichen für KKK-Aktivitäten sichtbar.[80] In Brandenburg inszenierte Carsten Szczepanski im Herbst 1991 medienwirksam eine Kreuzverbrennung im Stile des KKK. An einer Kreuzverbrennung in der Nähe von Jena nahmen 1995 auch die Aktivist*innen der „Kameradschaft Jena“ Beate Zschäpe, Uwe Böhnhardt, André Kapke, Ralf Wohlleben und Holger Gerlach teil. Unter Beteiligung von Rassist*innen aus verschiedenen Bundesländern wurde schließlich 1999 ein weiterer Versuch der Etablierung des KKK in Deutschland unternommen. Unter Führung von Achim Schmid wurde die Gruppe „European White Knights of the Ku-Klux-Klan – Realm of Germany“ (EWK KKK) gegründet. Schmid, der 1998 in Crailsheim die neonazistische Band „Celtic Moon“ gegründet hatte, war bereits 1996 vom Landesamt für Verfassungsschutz in Stuttgart angeworben worden. Den EWK KKK traten auch Polizeibeamte des Landes Baden-Württemberg bei.

An den damaligen neonazistischen Aktivitäten beteiligten sich auch Beate Zschäpe, Uwe Böhnhardt und Uwe Mundlos in vielfältiger Weise. Sie reisten in wechselnder Zusammensetzung bundesweit zu Aufmärschen, rechten Partys und Konzerten, verbreiteten neonazistische Plakate oder provozierten in der Öffentlichkeit durch das Auftreten in SA-ähnlichen

Uniformen. Im September 1996 protestierten Böhnhardt und Mundlos gemeinsam mit Wohlleben und Kapke im Amtsgericht Erfurt gegen ein Strafverfahren, das sich der Holocaust-Leugner Manfred Roeder eingehandelt hatte. Am 9. Juni hatte dieser mit einem Mittäter Schautafeln der Ausstellung „Vernichtungskrieg. Verbrechen der Wehrmacht 1941–1944“ durch das Besprühen mit Farbe beträchtlich beschädigt. Zu diesem Zeitpunkt hatten Mundlos und Böhnhardt selbst bereits Straftaten begangen, für die sie auch strafrechtlich zur Rechenschaft gezogen wurden – Mundlos vom Amtsgericht Chemnitz wegen des Vorrätighaltens von Kennzeichen verfassungswidriger Organisationen, Böhnhardt wegen fortgesetzten Diebstahls, Erpressung, gefährlicher Körperverletzung und Volksverhetzung sowie wegen Verstoßes gegen das Waffengesetz. Zum Antritt der Haftstrafe kam es nicht mehr. Zschäpe war wegen Bagatelldelikten und Körperverletzung verurteilt worden.

Seit 1996 standen Mundlos und Böhnhardt unter Verdacht, Bomben zu bauen. Gegenstand entsprechender polizeilicher Ermittlungen waren zum einen Briefbombenattrappen, die zum Jahreswechsel 1996/97 gegen die „Thüringer Landeszeitung“, die Stadtverwaltung Jena sowie die Polizeidirektion Jena gerichtet waren und von Gewaltdrohungen begleitet wurden. Zum anderen ging es um mehrere Koffer-Bomben, die im Oktober 1996 beziehungsweise im September 1997 im Stadtgebiet aufgefunden worden waren und zum Teil Sprengstoff enthielten. Die polizeilichen Ermittlungen richteten sich vor allem gegen Zschäpe, Mundlos, Böhnhardt und Holger Gerlach. Da Durchsuchungen der Wohnungen keine Ergebnisse brachten, wurde die Suche auf zusätzlich angemietete Objekte ausgeweitet. Nach Observationsmaßnahmen wurden schließlich am 26. Januar 1998 drei Garagen mit dem Auftrag durchsucht, insbesondere nach Sprengmitteln und zur Herstellung von Sprengstoffmischungen verwendete chemische Substanzen zu suchen. Festnahmen waren nicht vorgesehen, da die Beweislage noch nicht zu einem dringenden Tatverdacht geführt hatte.[81] Das Ergebnis der Durchsuchung der Garage

Nr. 5 an der Kläranlage – unter anderem zwei Rohrbomben und größere Mengen Sprengstoff – führte zu Wohnungsdurchsuchungen sowie zur Anordnung der vorläufigen Festnahme von Böhnhardt, Mundlos und Zschäpe; inzwischen war auch die Jugendstrafe gegen Böhnhardt rechtskräftig geworden, so das Fluchtgefahr bestand. Böhnhardt – zu Beginn der Durchsuchung der Garagen in der Richard-Zimmermann-Straße noch anwesend – hatte sich jedoch bereits gemeinsam mit Zschäpe und Mundlos in einem Auto von Ralf Wohlleben nach Chemnitz abgesetzt.

Das Verschwinden des Trios brachte für die neonazistischen Strukturen und Aktivitäten in Thüringen wenig Veränderung. Demonstrationen, Versammlungen und Gewalttaten fanden weiterhin in hoher Frequenz statt.[82] Ohnehin hatte es auch in anderem Städten gewalttätige Gruppen gegeben, wie beispielsweise die „Bunkerszene“ in Gotha.[83] Gewalttaten wie der Brandanschlag auf die Erfurter Synagoge durch zwei Aktivisten der NPD-Abspaltung „Bund Deutscher Patrioten“ in der Nacht zum 20. April 2000 und der Sprengstoffanschlag auf einen Döner-Imbiss in Eisenach am 9. August 2000, für dessen Anstiftung der damalige stellvertretende Landesvorsitzende der NPD-Jugendorganisation Patrick Wieschke (NPD) zu einer Haftstrafe verurteilt wurde, sorgten für Schlagzeilen. Mehrfach wurde auch in den 2000er-Jahren bei Rechtsextremisten in Thüringen Sprengstoff beziehungsweise „unkonventionelle Spreng- und Brandvorrichtungen“ gefunden.[84]

Auch der ehemalige WSGH-Anführers Karl-Heinz Hoffmann tauchte in Thüringen auf. Dieser wurde nach seiner Haftentlassung (1989) in den 1990er-Jahren gemeinsam mit seiner Frau Franziska in Kahla als Bauunternehmer tätig, erwarb zahlreiche innerstädtische Gebäude und beschäftigte bei den Renovierungsarbeiten rechte Jugendliche. Zeitweise war er auch Betreiber der Gaststätte „Gerberstube“. Hoffmanns Kontakte reichten von örtlichen Honoratioren bis hin zu Bernd Grett, einem ehemaligen Unterführer der von ihm beherrschten WSGH, und Ralf Wohlleben.

Betrachtet man die Entwicklung neonazistischer Strukturen im Bundesgebiet und in Thüringen in den 1990er-Jahren zusammenfassend, so lassen sich grundlegende Dimensionen festhalten, die die Herausbildung eines gewaltorientierten Milieus beförderten:

- Hinsichtlich der weltpolitischen Konsequenzen feierte die extreme Rechte das Ende der deutschen Zweistaatlichkeit und die Zerstörung als „Völkergefängnis" geschmähter Staaten wie die Sowjetunion oder Jugoslawien als globale Durchsetzung des „völkischen Prinzips". Diese Entwicklung wurde zudem als Machtzuwachs für Deutschland interpretiert, der es zur Vor- und Ordnungsmacht Europas mache.
- Die rassistische Massengewalt der frühen 1990er-Jahre und Wahlerfolge bei Landtagswahlen gaben der extremen Rechten das Gefühl, als „wahre Stimme des Volkes" zu handeln. Die nicht zuletzt mit Blick auf Gewalt und Zuspruch zu extrem rechten Parteien umgesetzte Beschneidung des Rechtes auf Asyl durch eine ⅔-Mehrheit im Deutschen Bundestag wurde von neonazistischen Akteur*innen als Bestätigung ihrer auf gewaltsame Selbstermächtigung setzenden Strategie wahrgenommen.
- In den frühen 1990er-Jahre entstand eine zunehmend organisierte und gewaltorientierte neonazistische Rechte, die eine sehr viel größere Zahl von Beteiligten umfasste als noch in den 1970er- und 1980er-Jahren. Sie war durch eine Vielzahl legaler und nicht-legaler Aktionen, umfassende Reisetätigkeit nicht nur von Kadern sowie eine insbesondere durch musikalische Angebote geprägte extrem rechte Lebenswelt verbunden.
- Entsprechende Gruppen und Gewaltmilieus entstanden in allen Bundesländern[85]; quer durch die Bundesrepublik Deutschland wurden immer wieder Waffen und Sprengstoff beschlagnahmt und Ermittlungen gegen geführt. Waffengewalt einsetzende Neonazis wie Kay Diesner waren die spektakulären Ausprägungen einer Szene, in der sich viele als „politische Soldaten" im Endkampf gegen „das System" sahen.

- Auf der Basis extrem rechter Weltanschauung lieferten zahlreiche Schriften, die zur „Notwehr“ gegen den „von der Staatsführung amtlich geplanten (...) Völkermord“[86] aufriefen, die Rechtfertigung für rassistische Gewalttaten; mit den über vielfältige Wege verbreiteten Konzepten und fiktionalen Erzählungen des „führerlosen Widerstandes“ standen Anregungen und Blaupausen für entsprechendes Handeln zur Verfügung.
- In unterschiedlichen Formen war die Planung, Vorbereitung und Ausübung von Gewalt alltäglicher und struktureller Bestandteil der neonazistischen Szenen und Gruppierungen. Die Gewaltformen reichten von situativ ausgeübter Gewalt gegen „Fremde“, Linke, Vertreter des Staates sowie gegen jüdisches Leben bis hin zu geplanten Überfällen und Anschlägen. In dieser Hinsicht war Thüringen kein Einzelfall.

Der „Nationalsozialistische Untergrund"

Ob Böhnhardt, Zschäpe und Mundlos – gegebenenfalls in Absprache mit weiteren Neonazis – bereits bei ihrer Flucht Ende Januar 1998 die Begehung von rassistisch motivierten Morden vor Augen hatten, ob sie sich ohne die durch die Durchsuchungen ausgelöste Flucht ebenfalls weiter radikalisiert hätten oder ob die Entscheidung für den späteren gezielten Serienmord in der Situation der Illegalität erfolgte, kann und muss hier nicht abschließend beantwortet werden.

Zurecht ist darauf hingewiesen worden, dass es – auch angesichts eines drohenden Strafantritts bei Böhnhardt und einer möglichen Verurteilung wegen der Vorbereitung eines Sprengstoffverbrechens bei Zschäpe und Mundlos – wohl kein Konzept und keine Vorbereitungen für die Flucht und die sich daran anschließende Zeit gab.[87] Es konnte jedoch sofort auf ein verzweigtes Netz an Gleichgesinnten zurückgegriffen werden, von denen einige mit dem Trio bereits seit langem durch persönliche Beziehungen, politische Tätigkeit und gemeinsam begangene Straftaten verbunden waren. Entsprechend wurde ein Auto von Ralf Wohlleben genutzt, um sich ins sächsische Chemnitz abzusetzen. Da dieses allerdings später funktionsuntüchtig liegen blieb, wurde es von Andreas Rachhausen wieder zurück nach Thüringen gebracht. Quartier fand das Trio zunächst auf Vermittlung von Thomas Starke für wenige Tage bei Thomas Rothe, im Anschluss durch Initiative von Mandy Struck für ein halbes Jahr in der Wohnung von Max-Florian Burkhardt; anschließend stellten Carsten Richter, ein Mitglied der neonazistischen und politische Gewalt praktizierenden „Skinheads Sächsische Schweiz" (SSS), sowie André Eminger ihre Wohnungen für sechs beziehungsweise sechszehn Monate zur Verfügung.

Zu entscheiden hatte das Trio in dieser Zeit auch die Frage, ob es sich ins Ausland absetzen sollte. Entsprechende Optionen, sich dort für eine gewisse Zeit bei Gesinnungsfreunden zu verstecken, hatten in der Vergangenheit schon andere Neonazis wie beispielsweise Manfred Roeder, Michael Kühnen oder der aus Thüringen stammende Hendrik Möbus genutzt. Nach Auskunft des THS-Anführers Tino Brandt wurde im Juni 1999 eine mögliche Flucht nach Südafrika erörtert. Dort gab es zu Claus Nordbruch gute Kontakte. Bereits 1998 waren die THS-Mitglieder André Kapke und Mario Brehme auf der Farm Nordbruchs zu Besuch; Brandt selbst reiste im Herbst 1999 mit anderen Neonazis nach Südafrika und nahm dort auch an Schießübungen teil. In der Zeitschrift von „Blood & Honour" konnte sich Nordbruch im Jahr 2000 zu den Vorzügen einzelner Waffentypen äußern. Schließlich fiel die Entscheidung gegen eine Flucht ins Ausland.

Das Thüringische Landeskriminalamt (TLKA) vermutete das Trio aufgrund von abgehörten Telefonaten, bei denen es um die Bereitstellung von Kleidung und Geld ging, bereits Frühjahr 1998 in Chemnitz. Folgende Überwachungsmaßnahmen richteten sich im Sommer 1998 gegen Jan Werner, Thomas Starke und Hendrik Lasch, denen man als führende „Blood & Honour"-Kader in Sachsen die Durchführung von Geldsammlungen zugunsten des Trios zutraute. Gegen Jan Werner und Antje Probst führte 1998 auch das Landesamt für Verfassungsschutz Sachsen mehrere Observationen durch. Schließlich kam es seit Mai 2000 in behördlicher Kooperation zu einer umfassenden Abhöraktion mit dem Namen „Terzett", die sich unter anderem gegen Jan Werner, Thomas Starke, Andreas Graupner sowie Mandy Struck richtete und mit einer Öffentlichkeitsfahndung kombiniert wurde, die die Gesuchten in Unruhe versetzen sollten. In diesem Zusammenhang wurden die Personen von den Zielfahndern auch direkt mit dem Verdacht konfrontiert, die Gesuchten zu beherbergen beziehungsweise zu unterstützen.[88]

Parallel zum Beginn der Operation „Terzett" verlegte das Trio seinen Aufenthalt von Chemnitz nach Zwickau; dort wurde unter dem nun von Uwe Mundlos benutzten Namen „Max-Florian Burkhardt" – und mit entsprechenden Ausweispapieren – für den Zeitraum Juli 2000 bis Mai 2001 ein Mietvertrag in der Heisenbergstraße 6 abgeschlossen, die Miete durch Bareinzahlungen beglichen. Im Anschluss wurden Wohnungen in der Polenzstraße 2 (Mai 2001 bis April 2008) sowie in der Frühlingsstraße 26 (März 2008 bis November 2011) genutzt, bei denen Matthias Dienelt, zuvor Aktivist der „Weißen Bruderschaft Erzgebirge" als Mieter auftrat und die Wohnungen an „Max-Florian Burkhardt" untervermietete. Die Wohnung in der Frühlingsstraße bestand aus zwei Wohnungen, von denen die eine für zufällige Besucher*innen nicht erkennbar und zugänglich war; die Wohnung war durch Bewegungsmelder und Überwachungskameras gesichert. Der geringe Wasserverbrauch in der Wohnung in der Frühlingsstraße deutet darauf hin, dass dort nicht drei Personen ständig gewohnt haben; denkbar ist daher, dass mindestens eine weitere Wohnung genutzt wurde.

In den ersten Monaten nach der Flucht aus Jena war das Trio weitgehend auf finanzielle Unterstützung aus der neonazistischen Szene angewiesen. Finanzmittel sollten durch den Verkauf des antisemitischen Spiels „Pogromly" aufgebracht werden, das mit einem „Solidaritätszuschlag" in der Szene angeboten wurde. Mehrfach wurde bei Konzerten Geld gesammelt. Noch am Rande eines von „Blood & Honour" organisierten Konzerts in Schorba bei Jena am 13. November 1999 bot V-Mann Marcel Degner V-Mann Thomas Starke mehrere Tausend Mark als Unterstützung für das Trio an. Dieser lehnte mit dem Hinweis ab, „die drei" würden „jobben". Zu diesem Zeitpunkt waren bei drei Überfällen in Chemnitz bereits über 50.000 € erbeutet worden. Ende November 2000 und Anfang Juli 2001 folgten weitere Überfälle auf Postfilialen in Chemnitz und Zwickau, bevor man sich entschloss, zu Banküberfällen überzugehen. Entsprechende Formen der Beschaffungskriminalität gehörten bereits davor in vielen Fällen zum Handlungsspektrum rechtsterroristischer Akteure, so beispielsweise seitens der Gruppe um Michael Kühnen, Manfred Börm und Lothar Schulte im Dezember 1977, der „Wehrsportgruppe Ruhrgebiet“ im April 1979, bei der „Hepp-Kexel-Gruppe“ im Jahr 1982 oder dem Ulmer Funktionär der „Freiheitlichen Deutschen Arbeiterpartei“ (FAP), Markus Mössle, der zwischen Dezember 1984 und Januar 1985 drei Banken überfiel. Die vom NSU begangenen Überfälle wurden aus polizeilicher Sicht rasch als Serie erkannt – nicht zuletzt aufgrund der großen Brutalität in der Tatausführung sowie der Verwendung von Fahrrädern bei der Flucht.[89]

In großer Regelmäßigkeit wurden vom NSU Fahrzeuge angemietet: Neben des Wohnmobilen, die bei den Überfällen genutzt wurden, fanden auch PKW und Kleinbusse Verwendung, mit denen das Trio in den Urlaub fuhr, Anschlagsziele ausspähte oder sich bei Besuchen der Loyalität und der Unterstützungsleistungen mit ihnen kooperierender Neonazis absicherte. Für die Anmietung der Fahrzeuge bedurfte es ebenso wie für die Krankenkasse oder die Beantragung eines Reisepasses unverdächtiger Personaldokumente, die beispielsweise von den Neonazis Holger Gerlach, Gunter Frank Fiedler, Susann Eminger, Silvia Scheidemantel (geb. Roßberg) oder Mandy Struck zur Verfügung gestellt beziehungsweise organisiert wurden. Nach einer gewissen Zeit hatten die vom Einwohnermeldeamt Jena ausgestellten Ausweisdokumente des Trios auch ihre Gültigkeit verloren. Dass es Bemühungen gab, dem Trio neue Ausweise zu beschaffen, wusste das Tühringer Landeskriminalamt bereits 1998 aus einem abgehörten Telefonat. Im August 1998 erhielt André Kapke vom Leiter des Coburger „Nation-Europa-Verlages“, Peter Dehoust, Geld, das er für die Beschaffung von Papieren verwenden wollte. Allerdings folgte keine entsprechende Lieferung seitens der Passfälscher. In der Hoffnung, des Trios habhaft werden zu können, wenn man wisse, unter welchen Namen sie lebten, gab das TLfV später auch an seinen V-Mann Tino Brandt 2.000.– DM zur Beschaffung von Reisepässen. Auch in diesem Fall ist der Verbleib des Geldes ungeklärt.

Bereits kurz nach der Flucht aus Jena muss die Entscheidung gefallen sein, sich zu bewaffnen. Uwe Böhnhardt war bereits im September 1995 und im April 1997 wegen unerlaubten Besitzes beziehungsweise Mitführens einer Waffe (Luftdruckgewehr) polizeilich aufgefallen. In der Vergangenheit hatten sich Neonazis auf verschiedenen Wegen Zugang zu Waffen verschafft – durch die Mitgliedschaft in Schützenvereinen (Waffenbesitzkarte), durch den Kauf von Handfeuerwaffen, Munition und Sprengmitteln auf dem Schwarzmarkt, durch Diebstahl oder durch Raub. Seit den frühen 1990er-Jahren war es insbesondere aufgrund des Rückzuges der Gruppe der Sowjetischen Streitkräfte in Deutschland, der Öffnung der Grenzen nach Osteuropa sowie der Kriege im ehemaligen Jugoslawien, in denen sich auch Neonazis aus Deutschland als Söldner verdingt hatten, noch einfacher geworden, Waffen und Munition zu erwerben.

Für das Trio versuchte Jan Werner, Anführer von „Blood & Honour" in Sachsen, im Sommer 1998 eine Schusswaffe bei Carsten Szczepanski zu besorgen; so berichtete der 1994 vom Brandenburger Landesamt für Verfassungsschutz als V-Mann angeworbene Szczepanski (Deckname „Piatto") dem Nachrichtendienst von einer SMS-Nachricht Werners – „Hallo, was ist mit dem Bums" – an ein von ihm genutztes und auf das Innenministerium Brandenburg registriertes Mobiltelefon. Szczepanski war im Februar 1995 vom Landgericht Frankfurt (Oder) wegen versuchten Mordes an dem Nigerianer Stebe Erenhi zu acht Jahren Gefängnis verurteilt und bereits in der Untersuchungshaft zum Spitzel geworden. Eine vorzeitige Haftentlassung wurde auch dadurch begünstigt, dass die Richterin in Brandenburg einen Arbeitsvertrag mit der „Firma Probst" im sächsischen Limbach als Indiz für eine erfolgreiche Resozialisierung wertete – nicht erkennend, dass die entsprechende „Firma" den Geschäften zweier „Blood & Honour"-Aktivist*innen diente. „Piatto" informierte den Nachrichtendienst bereits Mitte 1998 auch darüber, dass das Trio sich durch Überfälle finanzieren wolle und die sächsische „Blood & Honour"-Struktur das Geld für den Waffenkauf bereitgestellt habe. Entsprechende Informationen wurden an die Landesämter für

Verfassungsschutz in Sachsen und Thüringen weitergeleitet.[90] Das Bundeskriminalamt veröffentlichte den Fahndungsaufruf nach dem Trio im November 1998 auf seiner Internetseite – mit dem Hinweis, dass Zschäpe, Böhnhardt und Mundlos unter Umständen bewaffnet seien.

Der NSU gelangte im Laufe der Zeit in den Besitz von zwanzig Schusswaffen – u. a. eine „Pumpgun" Mosberg Maverick, Mod. 88, eine Pistole Tokarew TT 88 (Kal. 8 mm), einen Revolver RECK, Chief Special Combat (Kal. 9 mm) sowie eine Pistole ERMA EPG 88 (Kal. 8 mm), die bei den Überfällen verwendet wurden. Bei den Morden wurde neben einer umgebauten Schreckschusspistole der Marke Bruni 315 regelmäßig eine Česká 83 (Kaliber 7,65 mm) verwendet, wodurch die Morde als Serie erkannt worden waren. Die Wege der Waffenbeschaffung sind bis auf wenige Fälle – die Beschaffung der Česká 83 durch Carsten Schultze über den von Frank Liebau und Andreas Schultz in Jena betriebenen Nazi-Szene-Laden „Madley" sowie der Raub zweier Polizeidienstwaffen in Heilbronn am 25. April 2007 – noch nicht abschließend geklärt.

Das Trio benutzte in der Außendarstellung verschiedene Spitznamen: Zschäpe ließ sich meist „Liese", „Lisa" oder „Lisl" rufen, trat aber auch als Beate oder Susann auf. Böhnhardt wurde als „Gerri" und Mundlos als „Max" vorgestellt. Während Zschäpe die meiste Zeit am Wohnort verbrachte und dort eine sozial angepasste Fassade aufrechterhielt, zur der Kontakte mit Nachbar*innen ebenso gehörten wie die Darstellung, dass der eine Mann ihr Freund und der andere der Bruder sei. Häufige Abwesenheiten wurden berufsbedingt begründet. Im nachbarschaftlichen Umfeld galt insbesondere Zschäpe als gesellig, hilfsbereit und unauffällig. Das Trio hatte zwar technische Sicherheitsmaßnahmen getroffen, fühlte sich aber ausreichend sicher, um regelmäßig in den Urlaub zu fahren, bei diesen Gelegenheiten engere Bekanntschaften zu schließen und sogar einer Vorladung aufs Polizeirevier Folge zu leisten. Diese war im Januar 2007 ausgesprochen worden, nachdem Zschäpe im Zusammenhang mit einem Wasserschaden und einem Diebstahl in einer Wohnung in der Plenzstraße 2 die Polizei nicht in die Wohnung gelassen hatte. Unter ihrem Alias-Namen „Susann Eminger“ machte sie ihre Aussage auf der Dienststelle.

Erheblicher Aufwand wurde vom NSU für die Recherche und Ausspähung möglicher Anschlagsziele aufgewandt. „Allein aus insgesamt etwa 90.000 sichergestellten elektronischen Datensätzen ergibt sich eine Sammlung von insgesamt 10 116 Namen und Objekten.”[91] Darunter befinden sich Namen und Adressen aus Hamburg, Kassel, München, Dortmund, Nürnberg, Bielefeld, Kiel, Hamm, Braunschweig, Münster, Osnabrück, Paderborn, Stuttgart und Göttingen. Markierungen auf den am Computer bearbeiteten Stadtplänen verweisen auf Adressen von Politiker*innen, Parteibüros und Einrichtungen jüdischer und muslimischer Verbände. Zusätzlich wurden Einrichtungen der Bundeswehr und der NATO sowie Döner-Imbisse und türkische Läden vermerkt. Zum Teil wird aus ergänzenden Notizen ersichtlich, dass eine Ausspähung vor Ort stattgefunden hat, so etwa bezüglich geeigneter Fluchtwege. Mögliche Tatorte wurden systematisch ausgekundschaftet. Ob diese Daten ausschließlich vom Trio zusammengetragen wurden oder weitere Personen an der Datensammlung und der Auswahl der Tatorte beteiligt waren, ist bisher nicht abschließend geklärt. Die Abgelegenheit einzelner Tatorte und die zahlreichen Kontakte des Trios zu Neonazis in anderen Bundesländern lassen letzteres möglich erscheinen; allerdings bot die umfangreiche Reisetätigkeit – zwischen 2000 und 2011 wurde mehr als fünfzig Mal ein Wohnmobil gemietet – auch vielfache Gelegenheit zur Ausspähung.

Der NSU nutzte die ihm zur Verfügung stehenden Mittel entsprechend des von ihm ausgegebenen Mottos „Taten statt Worte“ und setzte eine terroristische Gewaltpolitik um. Zu den dem NSU zugerechneten rassistischen Verbrechen zählen ein Sprengstoffanschlag auf die von einem türkeistämmigen Pächter betriebene Gaststätte „Sonnenschein“ in Nürnberg im Juni 1999, der Anschlag in der Probsteigasse in Köln im Januar

2001 sowie der Nagelbombenanschlag in der Kölner Keupstraße im Juni 2004 mit mehr als zwei Dutzend Verletzten. Ermordet wurden zwischen September 2000 und April 2006 insgesamt neun Männer mit migrantischer Biografie. Ende April 2007 wurde in Heilbronn eine Polizistin getötet und ein weiterer Beamter schwer verletzt. Auf nahezu alle dieser Verbrechen nimmt das NSU-Bekennervideo[92] explizit Bezug, in dem der NSU sich selbst beauftragte, aber behauptete, im Dienst eines angeblichen Kollektives zu stehen.[93] Während die Motive für den Mord in Heilbronn noch nicht überzeugend geklärt sind[94], lässt sich für die anderen Morde und Anschläge eine rassistische Grundlage erkennen, die sich in diesem Falle insbesondere gegen zeugungsfähige Männer richtete, die sich in Deutschland mit ihrer Geschäftstätigkeit eine Lebensgrundlage aufbauten. Auf einer Liste mit etwa 10.000 Namen und Adressen, die im Brandschutt der von Beate Zschäpe in Brand gesetzten Wohnung gefunden wurde, fanden sich auch – zum Teil detaillierte Ausspähnotizen – zu anderen Anschlagsplänen des NSU. Darunter befanden sich auch 233 Adressen jüdischer Einrichtungen. Einige Indizien sprechen dafür, dass auch ein Anschlag auf die Synagoge in der Berliner Rykestraße in Erwägung gezogen wurde.[95]

Ein unmittelbares Bekenntnis des NSU zu den Anschlägen und Morden erfolgte nicht. Dies entspricht dem in manchen rechtsterroristischen Blaupausen und Anleitungen gegebenen Hinweis, auf Bekennerschreiben sei zu verzichten, die Taten sollten für sich selbst sprechen. Seitens der Ermittlungsbehörden ist das Fehlen eines schriftlichen Bekenntnisses vielfach als ein Grund angeführt worden, warum die Mordserie nicht als politisch motiviert angesehen wurde. In der Vergangenheit hat es im Zusammenhang mit gewissen Formen rechter Gewalt, z. B. Zerstörungen jüdischer Friedhöfe, Bekenntnisse in Form von gesprühten Parolen oder Hakenkreuzen gegeben. Bei Sprengstoffanschlägen, Morden oder den im Jahr 2015 zunehmend verübten Brandanschlägen auf Flüchtlingsunterkünfte waren selbst solche Bekenntnisse eine

Ausnahme – von Bekennerschreiben, wie es sie beispielsweise bei einem Brandanschlag in Peine am 1. Mai 1981[96] oder im Zusammenhang mit dem Sprengstoffanschlag auf die Ausstellung die Ausstellung „Vernichtungskrieg. Verbrechen der Wehrmacht 1941 bis 1944“ in Saarbrücken gegeben hat, ganz zu schweigen.

Definitionen von Terrorismus beinhalten oft den Hinweis, dass terroristisches Handeln auch als kommunikative Handlung verstanden werden muss, der Akt der Gewalt also mit einer Botschaft verbunden ist. Wenn diese nicht erkennbar werde, werde der Zweck des terroristischen Tuns verfehlt. Zu erinnern ist hier zunächst daran, dass die Täter es mit der Verwendung immer derselben Waffe darauf angelegt hatten, die einzelnen Taten als Teil einer Serie erkennbar zu machen und damit auch in einen gemeinsamen Zusammenhang zu stellen. Die Behauptung, die rassistischen Morde des NSU seien nicht selbst erklärend gewesen und die „Botschaft, die auf die Vertreibung von Menschen mit Migrationshintergrund hinauslief, wurde somit gar nicht kommuniziert”[97], kann in dieser Form nicht überzeugen. Zwar wurde – nicht zuletzt befördert durch die vorherrschende Ermittlungsrichtung von Polizei und Staatsanwaltschaften und deren meist unkritische Wiederholung in Medien – von der Mehrheitsgesellschaft die rassistische Motivation hinter den Anschlägen kaum wahrgenommen. In der migrantischen Bevölkerung war dies jedoch erkennbar anders. Nicht zuletzt daraus speisten sich die Demonstrationen am 6. Mai 2006 in Kassel und am 11. Juni 2006 in Dortmund, die unter dem Motto „Kein zehntes Opfer“ standen.

Auch die neonazistische Szene nahm die Mordserie wahr und ging von einem rassistischen Tatmotiv aus. Dies verdeutlicht das im Jahr 2010 von der neonazistischen Formation „GiGi & Die Braunen Stadtmusikanten“ verbreitete Lied mit dem Titel „Döner-Killer“. In dem Song wurde die vergebliche Arbeit der Ermittler*innen thematisiert und einer Fortsetzung des Mordens das Wort geredet: „Neunmal hat er bisher brutal gekillt, doch die Lust am Töten ist noch nicht gestillt. Profiler rechnen mit dem nächsten Mord. Die Frage ist nur wann und in welchem Ort. [...] Bei allen Kebabs herrschen Angst und Schrecken. Der Döner bleibt im Halse stecken, denn er [der „Döner-Killer", F. V.] kommt gerne spontan zu Besuch, am Dönerstand, denn neun sind nicht genug."

Wie weit und wie detailliert die Tätigkeit des NSU-Mordkommandos in der neonazistischen Szene nach der Flucht Ende Januar 1998 bekannt war, lässt sich nicht abschließend beurteilen. Sicher ist jedoch, dass das Abtauchen von drei bundesweit vernetzten Neonazis in der Szene für Diskussionen sorgte. Allgemeine Verbundenheit drückte ein Lied mit dem Titel „5. Februar" – das Datum wurde irrtümlich als Tag der Garagendurchsuchung angesehen – aus, das 1999 von dem Duo „Eichenlaub" produziert worden war. Darin hieß es seitens der Liedermacher, die aus dem engen Umfeld des THS kamen, unter anderem: „Ihr hattet wohl keine andere Wahl. [....] Zurück könnt Ihr jetzt wohl nicht mehr. [...] Die Kameradschaft bleibt bestehen [...] Der Kampf geht weiter, für unser deutsches Vaterland!" Spätestens seit Spätsommer 2002 war zudem das Kürzel NSU in Teilen der Szene bekannt. Zu diesem Zeitpunkt war in der neonazistischen Postille „Der Weiße Wolf", die 1996 im Gefängnis in Brandenburg/Havel von Neonazis gegründet und zeitweise dort auch produziert worden war, an prominenter Stelle – auf Seite 2, auf der in einem Vorwort davon gesprochen wurde, dass der Kampf härter werden müsse – eine kurze Notiz erschienen: „Vielen Dank an den NSU, es hat Früchte getragen ;-) Der Kampf geht weiter..." Diese Formulierung war eine Reaktion auf den Versand von Briefen, die der NSU seit dem Frühjahr 2002 an eine noch unbekannte Zahl von Neonazis versandt hatte. Darin hieß es einleitend: „Die Aufgaben des NSU bestehen in der energischen Bekämpfung der Feinde des deutschen Volkes und der bestmöglichen Unterstützung von Kameraden und nationalen Organisationen."[98] Die Aktivitäten des NSU wurden zugleich unter das Leitmotiv „Sieg oder Tod" gestellt und schließlich der NSU als nicht abgeschlossenes Projekt beworben, an dem sich „jeder Kamerad" beteiligen könne, der statt Worte zu wechseln zur Tat („entschlossenes, bedingungsloses Handeln") schreiten wolle. In einem gesonderten Absatz wurde darauf hingewiesen, dass die „Spende einbehalten" werde könne und „keinerlei Verpflichtung nach sich" ziehe.

Betrachtet man nach jetziger Erkenntnislage die Lebenssituation und das terroristische Handeln von Zschäpe, Böhnhardt und Mundlos, so ist festzuhalten:

- Das Trio verstand sich nicht als isoliert handelnde Gruppe, sondern sah sich selbst als Teil einer breiteren Bewegung zur „Rettung von Volk und Vaterland". In dieser waren rassistisch, antisemitisch und antikommunistisch motivierte Gewaltpraktiken, Umgang mit Waffen und Grundprinzipien konspirativen Handelns vielfach geteilte Erfahrungen.
- Das langjährige Überleben mit Tarnidentitäten und die Aufrechterhaltung der Infrastruktur, die auch zur Begehung der terroristischen Verbrechen notwendig war, wäre ohne die Mitwirkung eines breiten Unterstützungskreises nicht möglich gewesen. Dieser setzte sich insbesondere aus langjährig bekannten Gesinnungsfreund*innen des THS sowie „Blood & Honour"-Strukturen – insbesondere in Westsachsen – zusammen.
- Das Trio fühlte sich so sicher, dass es im Verlauf regelmäßiger Urlaubsaufenthalte Freundschaften schloss und Beate Zschäpe mit den Ausweispapieren einer Unterstützerin zu einer polizeilichen Vorladung wegen eines nicht-politischen Vorfalls erscheinen konnte, ohne als Gesuchte erkannt zu werden.
- Obwohl sich im THS sowie in den „Blood & Honour"-Strukturen zahlreiche V-Leute der Nachrichtendienste bewegten und insbesondere nach dem Abtauchen des Trios Hinweise auf den Aufenthaltsort und Planungen zur Bewaffnung und Geldbeschaffung gaben, wurde man des Trios nicht habhaft. Im Jahre 2003 wurde das Verfahren, das die Flucht ausgelöst hatte, wegen Verjährung eingestellt.

Nachrichtendienste und Rechtsterrorismus

Neonazis lassen sich aus unterschiedlichen Gründen auf eine Tätigkeit als Informant von Nachrichtendiensten ein. Sie sind aufgrund von Straftaten oder Verfehlungen erpressbar, der Kontakt zu einem Geheimdienst fasziniert sie, oder sie machen es des Geldes wegen. Nachrichtendienste wissen um die häufig begrenzte Zuverlässigkeit der von Informant*innen gelieferten Informationen. Daher liegt es in der Logik der Arbeit mit V-Leuten, möglichst eine weitere „Quelle" in der Nähe einer bereits angeworbenen Person zu platzieren, um deren „Nachrichtenehrlichkeit" überprüfen zu können. Von besonderem Wert für Nachrichtendienste sind zudem Informant*innen, die sich im Zentrum des Geschehens beziehungsweise in der Führung extrem rechter Strukturen bewegen. Dies hat allerdings insofern Konsequenzen, als dass nicht immer klar unterscheidbar ist, in welcher Situation ein als Informant angeworbener Neonazi ausschließlich als Neonazi handelt und in welcher Lage er sein Verhalten daran orientiert, was der Nachrichtendienst für angemessen hält, damit „die Quelle" weiterhin als relevant erachtete Informationen liefern kann. Das System der V-Leute hatte im ersten Verbotsverfahren gegen die NPD (2000–2003) für Probleme gesorgt. Aufgrund einer relevanten Zahl von V-Leuten der deutschen Geheimdienste in den Reihen von Bundes- und Landesvorständen der NPD sahen Richter des Bundesverfassungsgerichts in ihnen ein unaufhebbares Verfahrenshindernis, da bei ihnen zugerechneten Handlungen nicht klar erkennbar sei, ob sie ausschließlich durch Zielsetzungen und Strategie der Partei erklärbar seien oder durch die Tätigkeit als V-Person bedingt waren. Aus diesem Grund wurde das Verfahren im März 2003 nicht fortgeführt.

Festzuhalten ist, dass deutsche Nachrichtendienste – wie vielfach wohl auch polizeiliche Dienststellen – in allen wichtigen Strukturen und Projekten der extremen Rechten über Informant*innen verfügten. Dies soll hier an einigen wenigen Beispielen – beschränkt auf das neonazistische Spektrum – illustriert werden[99]:

- Im Jahr 1973 warb das BfV Werner Gottwald (Deckname „Reiser") an. Dieser war Gründungsmitglied einer illegalen NSDAP/AO und Generalsekretär einer „Nationalen Deutschen Freiheitsbewegung". Jahrelang lieferte er Informationen über zentrale Vernetzungstreffen der damals wichtigsten nazistischen Kader sowie über Waffen und Wehrsportübungen.
- 1985 konstituierte sich in Bielefeld die militante „Nationalistische Front" (NF) als bundesweite Partei – an der Seite des späteren Vorsitzenden Meinolf Schönborn mit dabei der V-Mann des nordrhein-westfälischen Landesamtes für Verfassungsschutz Norbert Schnelle. Ein weiterer V-Mann – der Solinger Bernd Schmitt – betrieb eine Kampfkunstschule, deren Mitglieder 1992 mehrfach als „Saalschutz" bei NF-Veranstaltungen zum Einsatz kamen. Aus den Reihen der Kampfsportschule kamen drei der vier Täter, die am 29. Mai 1993 in Solingen einen Brandanschlag auf eine türkeistämmige Familie verübten, dem fünf Menschen zum Opfer fielen. Vom niedersächsischen Landesamt für Verfassungsschutz wurde Michael Wobbe (Deckname „Rehkopf") in der NF geführt, der es 1992 rasch zum „Sicherheitschef" der NF brachte.
- Zu den wichtigen Neonazis der frühen 1990er-Jahre in Thüringen gehörte Thomas Dienel. Zunächst als NPD-Funktionär, ab April 1991 dann mit der von ihm gegründeten „Deutsch-Nationalen Partei" (DNP) war er an zentralen Aktivitäten beteiligt und hielt Kontakt zu einflussreichen neonazistischen Kadern wie Christian Worch. Nach seiner Haftstrafe aufgrund von Verurteilungen wegen Volksverhetzung, Beteiligung an einem Überfall auf eine Flüchtlingsunterkunft sowie

Betruges wurde er 1995 vom TLfV als V-Mann (Deckname „Küche“) angeworben und erhielt in der Folgezeit knapp 29.000 DM. Diese Gelder flossen auch in die Verbreitung von Hetze gegen einen antifaschistischen Gewerkschafter. Die Selbstenttarnung Dienels im Jahr 2000 führte schließlich zur Entlassung des damaligen TLfV-Chef Helmut Roewer.

- Seit den frühen 1990er-Jahren gehörte die „Sauerländer Aktionsfront“ um Thomas Fink, Thomas Kubiak und Andree Zimmermann zu den wichtigsten neonazistischen Gruppen in Deutschland. Sie beteiligte sich an bundesweiten Aufmärschen und ihre Aktivisten gaben mehrere neonazistische Publikationen heraus. Im Blatt „Freie Stimme“ solidarisierte man sich 1997 mit Kay Diesner. Der vom „Verfassungsschutz“ als V-Mann angeworbene Andree Zimmermann baute enge Kontakte zu Neonazis der „Nederlandse Volks-Unie“ um Constant Kusters auf, propagierte die „Anti-Antifa-Arbeit“, trieb in Kooperation mit Kai Dalek (s. u.) seit 1996 die digitale Vernetzung der neonazistischen Szene mittels des „Thule-Netzes“ voran[100] und spielte 1996 und 1997 eine hervorgehobene Position bei der Organisierung der „Hess-Märsche“, die zu den zentralen bundesweiten Aktivitäten der extremen Rechten gehörten. Zimmermann kam im November 1997 bei einem Autounfall ums Leben; bei der Beerdigung waren auch Abgesandte des THS zugegen.
- Für das Landesamt für Verfassungsschutz in Baden-Württemberg war seit 1996 Achim Schmid regelmäßig als V-Mann (Deckname „Radler“) tätig. Schmid war zu jener Zeit bereits fest in der neonazistischen Musikszene verankert, trat ab 1998 als Sänger der Band „Celtic Moon“ auf. Im selben Jahr wurde er Mitglied in der Gruppe „International Knights of the Ku-Klux-Klan“; zwei Jahre später gründete er den bundesdeutschen Ableger der „European White Knights of the Ku-Klux-Klan“ (EWK/KKK), dem auch mehrere Polizisten beitraten, darunter der spätere Gruppenführer von Michèle Kiesewetter, der in Heilbronn ermordeten Polizistin. Im Jahr 2000 endete die V-Mann-Tätigkeit Schmids.

- Zwischen 1987 und 1998 lieferte Kai Dalek Informationen für das bayerische Landesamt für Verfassungsschutz. Dalek spielte bundesweit eine führende Rolle bei „Anti-Antifa"-Aktivitäten und bei mehreren neonazistischen Aufmärschen zu Ehren des Hitler-Stellvertreters Rudolf Heß. Auch im „Thule-Netz", das der Diskussion und Organisation von Aktivitäten durch die neonazistischen Führungskader diente, nahm Dalek eine herausgehobene Stellung ein. Er selbst rechtfertigte die Verbrechen von Kay Diesner. Ein gegen ihn und Tino Brandt von der Staatsanwaltschaft Gera zwischen 1995 und 1997 betriebenes Verfahren wegen „Bildung einer kriminellen Vereinigung" wurde eingestellt.
- Im Jahr 2012 wurde die langjährige V-Mann-Tätigkeit von Thomas Richter bekannt, der zuletzt vom Bundesamt für Verfassungsschutz unter dem Decknamen „Corelli" geführt wurde. Richter hatte bereits 1993 der Polizei Informationen über die NF geliefert und war im Anschluss unter anderem in KKK-Strukturen und bei „Blood & Honour" aktiv. Als Schlüsselfigur der neonazistischen Bewegung im Raum Halle war er auch in Sachen „Anti-Antifa" unterwegs und gab das Blatt „Nationaler Beobachter" heraus. Auf dem von ihm betreuten Internetserver wurde Speicherplatz für die neonazistische Publikation „Der weiße Wolf" bereitgestellt.
- Toni Stadler gehörte in den frühen 1990er-Jahren der später verbotenen FAP an und wurde in der zweiten Hälfte des Jahrzehnts ein wichtiger Akteur im Geschäft mit neonazistischen Musikproduktionen. Im Sommer 2000 wurde er nach einem Verkehrsdelikt vom Landesamt für Verfassungsschutz in Brandenburg angeworben und setzte mit Kenntnis und Billigung des Amtes entsprechende Aktivitäten fort, bis er im Sommer 2002 als V-Mann enttarnt wurde.
- Sebastian Seemann gehörte zur „Oidoxie Streetfighting Crew", die bei Konzerten der zu „Blood & Honour" zu rechnenden Band „Oidoxie" als Ordnertruppe auftrat.[101] Der mehrfach wegen Verstoßes gegen das Betäubungsmittelgesetz, Nötigung, Körperverletzung und Verstoßes gegen

das Waffengesetz verurteilte Seemann war auch selbst als Veranstalter neonazistischer Konzerte in Belgien aktiv und lieferte dem Landesamt für Verfassungsschutz in Nordrhein-Westfalen Informationen.

- Anleitungen zum Bombenbau waren Teil des Angebots, das das neonazistische Internet-Radio „European Brotherhood Radio“ (EBR) seinen Hörer*innen anbot. Mitte 2006 gegründet, waren im 24-stündigen Sendebetrieb neben neonazistischer Musik auch Parolen wie „Deutschland erwache“ und „Happy Holocaust“ zu hören. An maßgeblicher Stelle am EBR beteiligt war die V-Frau des niedersächsischen Landesamtes für Verfassungsschutz Sandra Franke. Im Zuge des Strafprozesses gegen die EBR-Betreiber*innen im Jahr 2009 wertete das Gericht als strafmildernd, dass der Nachrichtendienst den Betrieb des Radios lange ungehindert habe laufen lassen.
- Zwischen 1989 und 2012 war der Kölner Johann Helfer V-Mann des Landesamtes für Verfassungsschutz in Nordrhein-Westfalen.[102] Zuvor trat er bereits als Ansprechperson für einen „Heimatschutzverband“ auf, der in der Eifel Wehrsportübungen mit Schusswaffen durchführte. Nach Stationen bei der NF sowie der FAP gründete er 1998 die neonazistische „Kameradschaft Köln“ mit und wurde ein Jahr später zudem Mitglied im „Kampfbund Deutscher Sozialisten“ (KDS) Auch dort nahm er Führungsaufgaben wahr.
- Auch Michael See (heute: von Dolsperg), der nach Verbüßung einer Haftstrafe in den frühen 1990er-Jahren einer der wichtigsten Neonazis Thüringens und Anführer der „Kameradschaft Leinefelde“ war, wurde seit Mitte der 1990er-Jahre als Informant (Deckname „Tarif“) geführt – vom BfV. Zunächst für das „Internationale Hilfskomitee für nationale politische Verfolgte und deren Angehörige“ (IHV) des Neonazis Ernst Tag, später für die von ihm gegründete „Aktion Volkswille“, gab See das Blatt „Sonnenbanner“ heraus. Darin wurde Neonazis nicht nur empfohlen, sich im äußeren Erscheinungsbild unauffällig zu verhalten, sondern 1999

auch für den Aufbau „autonomer Zellenstrukturen“ und den Kampf aus dem Untergrund geworben. In Thüringen hatte See unter anderem Kontakte zu Wohlleben, Kapke und Brandt, der ihn 1998 bat, das Kerntrio zu verstecken. Im Jahr 2002 zog See nach Schweden, blieb völkischen Gemeinschaftsvorstellungen verbunden.

Eine maßgebliche Mitwirkung von V-Leuten deutscher Geheimdienste auch in rechtsterroristischen Strukturen ist wiederholt bekannt geworden. In der „Europäischen Befreiungsfront“ (1969/70) gehörte Helmut Krahberg als Informant des nordrhein-westfälischen Landesamtes für Verfassungsschutz zu den Mitbegründern, der sich auch an der Anlage eines Waffenlagers beteiligte. Im Gerichtsverfahren ging er als Kronzeuge straffrei aus. In der Gruppe um Paul Otte, die im Herbst 1977 unter anderem Sprengstoffanschläge in Flensburg und Hannover verübte, befand sich neben Wolfgang Sachse, einem Waffenexperten und Verwalter eines Schießplatzes, auch Hans-Dieter Lepzien, ebenfalls ehemaliges NPD-Mitglied. Lepzien, der als Informant sowohl an die Stasi wie das Landesamt für Verfassungsschutz in Niedersachsen lieferte, besorgte den Sprengstoff für die Gruppe.

Anfang der 2000er-Jahre war in der neonazistischen „Kameradschaft Süd“ beziehungsweise deren „Schutzgruppe“ mit Didier Magnien, der auf eine lange Geschichte in terroristischen Gruppen der französischen extremen Rechten wie der „Parti nationaliste français et européen“ (PNFE) zurückblicken kann, ebenfalls ein V-Mann des Bayerischen Landesamtes für Verfassungsschutz tätig. Magnien war an der Beschaffung von Waffen beteiligt.

Auch im Umfeld des NSU bewegten sich zahlreiche V-Leute verschiedener Nachrichtendienste. An der Spitze des THS stand der langjährige V-Mann des TLfV, Tino Brandt. Er erhielt insgesamt ca. 100.000 Euro für seine Spitzeltätigkeit und war nach dem Untertauchen des Trios an Versuchen beteiligt, dieses mit falschen Reisepässen zu versorgen. Alle gegen ihn zum damaligen Zeitpunkt eingeleiteten Ermittlungsverfahren wurden eingestellt. Marcel Degner war in den späten 1990er-Jahren Anführer der thüringischen Sektion von „Blood & Honour“; während seiner Tätigkeit als V-Mann für das TLfV bot er einem anderen Neonazi, Thomas Starke, Mitte September 1999 Geld zur Unterstützung des Trios an. Starke kannte das Trio seit Jahren von gemeinsamen Aktionen und war von diesem während seines Haftaufenthalts besucht worden. Im Zuge eines Ermittlungs- und Strafverfahrens gegen die neonazistische Musikband „Landser“ warb das Berliner Landeskriminalamt Starke („VP 562“) Ende 2000 an. In den Folgejahren berichtete Starke der Polizei auch über das Trio, unter anderem dass eine Observation des sächsischen „Blood & Honour“-Chefs Jan Werner auf dessen Spur führen könne.

In der zweiten Jahreshälfte 1998 war auch Juliane Walther, die zur neonazistischen „Kameradschaft Jena“ gehörte, kurzzeitig für den TLfV als Informantin tätig, da sie für das Amt als Freundin von Ralf Wohlleben interessant war und in der Frühphase der Flucht unterstützend tätig wurde. Ebenfalls für das TLfV betätigte sich der Jenaer Neonazi Tibor-Karoly Retz (Deckname „Tristan“); im Jahr 2001 gab er dem Amt die Information, dass das Trio vermutlich in Chemnitz aufhalte. Unter dem Decknamen „Piatto“ war der Neonazi Carsten Szczepanski zwischen 1994 und 2000 für das brandenburgische Landesamt für Verfassungsschutz tätig. Durch seine Kontakte zu sächsischen „Blood & Honour“-Strukturen konnte er dem Amt Hinweise auf das untergetauchte Trio liefern, die jedoch keine weitere Beachtung fanden. Die Tätigkeit weiterer Informanten des BfV, die Decknamen wie „Tobago“, „Tusche“, „Treppe“, „Tinte“ und „Tonfarbe“ trugen, sind bisher hinsichtlich möglicher Kontakte zum Trio und der von ihnen gelieferten Informationen nicht belastbar darstellbar. Unterlagen zu damit verbundenen Vorgängen wurden im November 2011 nach dem allgemeinen Bekanntwerden des NSU rasch vernichtet. Rechtsanwalt Sebastian Scharmer, der im Verfahren gegen Beate Zschäpe u. a. vor dem Oberlandesgericht in München als Nebenklagevertreter engagiert war, hat in seinem Abschlussplädoyer im Detail verdeutlicht, dass über 40 V-Personen verschiedener Nachrichtendienste im Verlauf der Jahre im Umfeld von Mundlos, Böhnhardt und Zschäpe aktiv waren.[103]

Unbeachtet blieben nach der Flucht des Trios auch Informationen, die die Hinweise auf die Unterstützungsstruktur noch unterstrichen hätten und eine Intensivierung entsprechender Observations- und Fahndungsmaßnahmen nahegelegt hätten. Zu denken ist hier an die bei der Durchsuchung der Garagen Ende Januar 1998 gefundenen Telefon- und Kontaktlisten von Uwe Mundlos. Auf ihr fanden sich unter anderem Namen aus Thüringen, Bayern, Baden-Württemberg, Chemnitz, Rostock und Hamburg, darunter auch einige V-Leute verschiedener Ämter, die Aufschluss über das soziale und politische Umfeld der Gesuchten gaben. Soweit bisher bekannt, haben die Sicherheitsbehörden und darunter insbesondere die Nachrichtendienste in den ersten Jahren nach dem Abtauchen mehrere Hinweise auf Aufenthaltsorte der Gesuchten sowie deren Situation erreicht. Diese ergaben sich zum Teil aus Hinweisen von Informanten, zum Teil aber auch aus Überwachungsmaßnahmen – nicht zuletzt deshalb, weil sich das Trio in einer Zeit der Unterstützung der sächsischen „Blood & Honour“-Strukturen bediente, als deren wichtigste Vertreter aus anderen Gründen im Visier zahlreicher Ermittlungen und Geheimdienstoperationen waren.

Trotz der umfangreichen Arbeit mehrerer parlamentarischer Untersuchungsausschüsse ist bei weitem noch nicht geklärt, warum die drei Gesuchten nicht verhaftet wurden. Die These, die einschlägig damit befassten staatlichen Akteure seien schlicht „auf dem rechten Auge blind“ gewesen, greift angesichts der Fülle von Informationen, die durch die geheimdienstliche und polizeiliche Arbeit generiert wurde, zu kurz. Beigetragen haben könnten eine politisch bedingte Unterschätzung des Neonazismus und seiner Gewaltneigung, die Konkurrenz insbesondere zwischen den einzelnen Ämtern des Verfassungsschutzes, bei denen die Absolutsetzung des Quellenschutzes der Weitergabe von Informationen, z. T. auch der Aufklärung von Straftaten strukturell im Wege steht, sowie der Versuch, die Szene durch V-Leute steuern und kontrollieren zu können.[104]

Im Rahmen der Verpflichtung von V-Leuten aus der neonazistischen Szene sind erhebliche Geldsummen ausgezahlt worden; auch wenn nicht jeder Behauptung von Nazi-Spitzeln Glauben zu schenken ist, dass das Geld in die Bewegung investiert worden sei, erscheint es sehr wahrscheinlich, dass zumindest ein Teil dieses Geldes auch in neonazistische Projekte geflossen ist. Dazu dürfte auch beigetragen haben, dass die Tätigkeit als Informant in der Szene häufig bekannt war. Über seine Arbeit für das TLfV hatte beispielsweise Tino Brandt mit dem bundesweit bedeutsamen Neonazi Thorsten Heise offen gesprochen.

Die beträchtliche Zahl von V-Leuten sollte nicht zur Schlussfolgerung verleiten, dass es die extreme Rechte und neonazistische Gewalt nicht auch ohne diese Zuträger*innen gegeben hätte. Dennoch bliebe weiterhin systematisch zu erhellen, in welchem Ausmaß die Geldzahlungen an V-Leute, ihr Schutz vor Strafverfolgung, die Ausstattung mit Technik oder auch die Warnungen im Vorfeld von polizeilichen Exekutivmaßnahmen (Durchsuchungen und Verbote) die Entwicklung der neonazistischen Rechten, ihre Handlungsmöglichkeiten und Radikalisierungsprozesse beeinflusst haben. Einschlägig wäre hierzu beispielsweise eine Stellungnahme des Bundeskriminalamtes (BKA) vom Februar 1997[105], in der unter anderem problematisiert wurde,

- inwiefern V-Leute der Nachrichtendienste „sich gegenseitig zu größeren Aktionen anstacheln" beziehungsweise „ob bestimmte Aktionen ohne die innovativen Aktivitäten dieser Quellen überhaupt in der späteren Form stattgefunden hätten";
- dass aus Quellenschutzgründen Hinweise auf neonazistische Aktivitäten so kurzfristig erfolgten, dass wirksame polizeiliche Gegenmaßnahmen nicht mehr stattfinden könnten;
- dass Quellen durch die Nachrichtendienste technische Kenntnisse vermittelt würden, mit denen „Maßnahmen der

Strafverfolgungsbehörden vereitelt oder unterlaufen werden" könnten;

- dass die Übernahme der von Informant*innen verursachten Kosten für Telekommunikation, Mobilität und Technik erst den hohen Grad der Vernetzung der extremen Rechten ermögliche;
- dass die Nachrichtendienste ihre Quellen im Falle polizeilicher Exekutivmaßnahmen „oft vorher gewarnt" hätten, woraus die Gefahr erwachse, dass „Beweismittel vor Eintreffen der Exekutive vernichtet werden";
- dass straffällig gewordene V-Leute häufig „weder angeklagt noch verurteilt" würden, was diese in der Szene verdächtig mache, aber bei diesen selbst auch den Eindruck hervorrufe, „unter dem Schutz des VS im Sinne ihrer Ideologie ungestraft handeln zu können".

Die im BKA-Papier formulierten Thesen wurden mit konkreten Beispielen von neonazistischen Aktionen und Akteuren unterfüttert. Zu den namentlich genannten Personen gehörten dabei unter anderem Kai Dalek und Andree Zimmermann.

Hinsichtlich der Bedeutung von nachrichtendienstlicher Tätigkeit in extrem rechten Strukturen ist festzuhalten, dass die Nachrichtendienste durch V-Leute sowie weitere geheimdienstliche Maßnahmen umfangreiche Kenntnisse über die extreme Rechte erworben haben. Das Wissen über Akteure und Strukturen wurde um den Preis erlangt, dass neonazistischen Informant*innen Geld und Technik für politische Aktivitäten und zur Vernetzung einsetzten und zum Teil vor Strafverfolgung geschützt wurden. Der absolute Quellenschutz behinderte Exekutivmaßnahmen und die justizielle Ahndung von Verbrechen, zum Teil wurden gegenüber der Öffentlichkeit Entwicklungen verschwiegen.

Parlamentarische Untersuchungsausschüsse und Strafprozess

Nachdem Existenz und verbrecherisches Handeln des NSU Anfang November 2011 einer breiteren Öffentlichkeit bekannt wurden, trat die Frage nach den Gründen und Faktoren, die eine solche rassistische Mordserie ermöglicht und über einen so langen Zeitraum unaufgeklärt gelassen hatten, auf die Tagesordnung. Neben verschiedenen Kommissionen, von denen die vom Freistaat Thüringen eingesetzte Kommission unter Vorsitz des früheren Vorsitzenden Richters am Bundesgerichtshof Gerhard Schäfer die bedeutendste war[106], wurden im Deutschen Bundestag sowie in den Bundesländern Thüringen, Sachsen, Brandenburg, Mecklenburg-Vorpommern, Hessen, Bayern, Nordrhein-Westfalen und Baden-Württemberg – wenn zum Teil auch erst mit deutlichem zeitlichen Abstand – parlamentarische Untersuchungsausschüsse (PUA) eingerichtet.[107] Zum Teil arbeiteten diese in zwei Legislaturperioden und legten sehr umfangreiche Befunde und Empfehlungen vor.[108]

Im Wesentlichen haben sich die PUA mit folgenden Themenfeldern befasst

1. Der Entstehung des NSU und seiner Aktivitäten (Morde, Raubüberfälle, Sprengstoffanschläge, Tatmotive, Aufenthalte, Waffenbeschaffungen, Unterstützer*innen,...);
2. der Rekonstruktion extrem rechter Strukturen – als Kontextbedingung für die Entstehung des NSU in Thüringen, als Ermöglichungsbedingung für die Flucht und das anschließende Leben mit Ausweisen, Wohnungen und Waffen, sowie hinsichtlich möglicher Tatbeiträge, etwa Waffenlieferungen oder Bereitstellung von Informationen über mögliche Opfer;

3. der Ermittlungstätigkeit der Staatsanwaltschaften und Polizeibehörden (Kenntnisstände, Aktivitäten, Fahndungen,...);
4. der Tätigkeit der Nachrichtendienste, insbesondere hinsichtlich des Einsatzes von V-Personen, fehlender Kooperationsbereitschaft mit Polizeibehörden sowie der Vernichtung von Akten.

Auf der Grundlage umfangreicher Befunde haben die in den PUA vertretenen Parteien dann Empfehlungen formuliert. Die in den ersten PUA vorherrschende Bereitschaft zur überparteilichen Aufklärung trat im weiteren Verlauf der Arbeit der PUA deutlich zurück, sodass in den Bewertungen der durch die PUA erhobenen Befunde und bezüglich der daraus abzuleitenden Schlussfolgerungen erhebliche Differenzen zwischen den Parteien sichtbar wurden.

Am 26. Januar 2012 fasste der Thüringer Landtag den Beschluss zur Einsetzung eines Untersuchungsausschusses. Diesem wurde die Aufgabe übertragen, „mögliches Fehlverhalten der Thüringer Sicherheits- und Justizbehörden, einschließlich der zuständigen Ministerien unter Einschluss der politischen Leitungen, sowie der mit den Sicherheitsbehörden zusammenarbeitenden Personen (...) in Zusammenhang mit Aktivitäten rechtsextremer Strukturen (...) sowie mögliche Fehler der Thüringer Sicherheits- und Justizbehörden bei der Aufklärung und Verfolgung der dem NSU und ihm verbundener Netzwerke zugerechneter Straftaten“[109] aufzuklären. Hinsichtlich der ermittelten Tatsachen konzentrierten sich die Parteien – auch unter Berücksichtigung spezifischer Regionen – auf Entstehung, Erstarken und Radikalisierung extrem rechter Strukturen in Thüringen sowie damit korrespondierende Ermittlungs- und Strafverfahren sowie die entsprechenden Kenntnisse, Bewertungen und Maßnahmen seitens Thüringer Behörden. Hierunter fällt auch das gegen den „Thüringer Heimatschutz“ wegen des Verdachts der Bildung einer kriminellen Vereinigung gemäß § 129 StGB eingeleitete Verfahren, das später gemäß § 170 Abs. 2 StPO eingestellt wurde. Arbeitsweise und Tätigkeiten des TLfV, der Kriminalpolizeiinspektionen Jena und Saalfeld, der Staatsanwaltschaften des Landes sowie des Innenministeriums und deren Kooperationen wurden ebenso untersucht wie der Einsatz von V-Personen. Der Bericht endet mit einer Bewertung der erhobenen Tatsachen sowie Sondervoten der Abgeordneten der am Untersuchungsausschuss beteiligten Parteien.[110]

Der erste PUA des Thüringer Landtages kommt einvernehmlich zu sehr kritischen Bewertungen hinsichtlich der Arbeit der Behörden des Landes. So sei beispielsweise

- die Herausbildung gewalttätiger Strukturen in der extremen Rechten nicht richtig bewertet und unterschätzt worden; vielmehr habe es in Teilen der Gesellschaft, bei politisch Verantwortlichen sowie in Behörden auf kommunaler und Landesebene eine Tendenz zur Verharmlosung und Entpolitisierung rechter Aktivitäten gegeben.
- eine gezielte Gründung oder der Aufbau von Strukturen der extremen Rechten durch staatliche Akteure nicht zu erkennen, wenn auch von einer mittelbaren Unterstützung durch das TLfV gesprochen werden müsse, wobei – etwa beim Einsatz von V-Leuten – auch gegen Grundsätze der V-Mann-Anwerbung und -Führung verstoßen worden sei.
- die Fahndung nach den Untergetauchten durch ein erhebliches Maß an Desinformation, fehlerhafter Organisation und Abweichungen vom üblichen Vorgehen gekennzeichnet gewesen sei, was – im besten Fall – als Desinteresse am Auffinden der Verdächtigen gewertet werden könne.
- vom Thüringer Innenministerium keine angemessene Fachaufsicht über das TLfV ausgeübt worden, wenn auch Mängel in der Organisationsstruktur nur nachrangige Bedeutung haben.
- das TLfV seinen Verpflichtungen zur Informationsweitergabe nicht ausreichend nachgekommen und seine Übernahme polizeilicher Befugnisse bei der Suche nach dem Aufenthaltsort der Flüchtlingen sei rechtswidrig gewesen;
- das TLfV von mehreren Quellen über Geldsammlungen für die Geflüchteten unterrichtet worden.

In den Empfehlungen des Parlamentarischen Untersuchungsausschusses wurde zunächst darauf verwiesen, dass es sich beim Rechtsextremismus nicht um ein politisches Randproblem handele oder als Jugendproblem abgetan werden könne. Da in der Mitte der Gesellschaft rassistische Vorurteile und gruppenbezogene Menschenfeindlichkeit anzutreffen seien, bedürfe es einer starken demokratischen Zivilgesellschaft, der Demokratieförderung, des Ausbaus von Teilnahmerechten und der Schaffung einer echten Willkommenskultur als Präventionsmaßnahmen gegen Menschenverachtung und Intoleranz. Zu diesem Zweck seien eine verlässliche und solide finanzielle Ausstattung und Förderung zivilgesellschaftlicher Initiativen gegen Rechtsextremismus, die Überarbeitung des entsprechenden Landesprogramms in Form der Erweiterung auf institutionellen Rassismus und die Qualifizierung des Programms durch einen wissenschaftlichen Beirat oder wissenschaftliche Begleitung erforderlich. Genannt werden insbesondere die Mobilen Beratungsprogramme und die Beratungsstelle für Opfer rechter Gewalt EZRA.

Hinsichtlich der Kontrolle der handelnden Behörden empfiehlt der Ausschuss zum einen die Einrichtung einer unabhängigen Clearingstelle für Beschwerden gegen behördliches Handeln sowie eine ausreichende personelle und materielle Ausstattung von (parlamentarischen) Kontrollinstanzen bei gleichzeitiger Ausweitung der Kontrollrechte und Berichtspflichten. Eine intensivere Kontrolle wird auch gegenüber den Geheimdiensten gefordert, in der zudem ein kritikfreundliches Klima zu fördern sei. Auf konkrete institutionelle Änderungen des TLfV konnten sich die Parteien nicht verständigen.

Für die Polizei sieht der Ausschuss Handlungsbedarf bei der Verbesserung der Aus- und Fortbildung von Polizeibeamten im Bereich Rechtsextremismus, bei der Stärkung der Vermittlung interkultureller Kompetenz, bei der Verbesserung der Erfassung und Einordnung rechtsextrem motivierter Straftaten, hinsichtlich der Verstärkung der Bemühungen, Menschen mit Migrationshintergrund für den Dienst in der Polizei zu gewinnen sowie bezüglich der konsequenten Verfolgung, Bekämpfung und Verhinderung rechtsextremer Aktivitäten und Straftaten. Hierzu gehöre bei Fällen von Gewaltkriminalität auch eine Pflichtprüfung, ob die Tatmotive aufgrund der Person des Opfers in einem rassistisch, antisemitisch, homophoben, antiziganistischen oder einem anderen politisch motivierten Hintergrund liegen könnten. Für den Bereich von Staatsanwaltschaften und Justiz sollten Schwerpunktstaatsanwaltschaft(en) für Staatsschutzdelikte geschaffen werden und menschenverachtende Tatmotive als besonderen Umstand bei der Strafzumessung in § 46 StGB verankert werden. In Aus- und Fortbildung solle dem Thema Rechtsextremismus zudem größere Beachtung geschenkt werden. Schließlich seien die Akten aus Staatsschutzdelikten zeitlich unbegrenzt zu archivieren.

Zwar haben die Parlamentarischen Untersuchungsausschüsse – allen voran diejenigen in Thüringen und im Bund – zahlreiche wichtige Befunde zutage gefördert. Dennoch konnten viele Themenkomplexe nicht hinreichend ausgeleuchtet werden, sodass weiterer Aufklärungsbedarf konstatiert wurde. Die Einrichtung eines zweiten PUA mit dem Titel „Rechtsterrorismus und Behördenhandeln“ hat der Thüringer Landtag Anfang 2015 beschlossen. Dabei sahen die Abgeordneten im Erfurter Landtag weiteren Aufklärungsbedarf insbesondere hinsichtlich des Einsatzes und des Verhaltens von V-Personen und verdeckten Ermittler*innen sowie daraus gewonnener Kenntnisse, die Thüringer Justiz- und Sicherheitsbehörden bezüglich der Vernetzung extrem rechter Strukturen mit Personen der organisierten Kriminalität, des Umgangs mit Waffen und Sprengstoffen sowie der Entwicklung des NSU-Unterstützungsnetzwerkes gewonnen haben. Zudem gehört zum Untersuchungsauftrag auch die Frage nach einer möglichen Begünstigung oder Erleichterung der dem NSU und seinem Unterstützungskreis zuzurechnenden Aktivitäten durch Handeln oder Unterlassen Thüringer Sicherheits- und Justizbehörden bzw. im Rahmen von Kooperationen mit entsprechenden Institutionen des Bundes, der Länder oder des Auslandes.

Schließlich sollen konkrete Umstände und offene Fragen der Ermittlungstätigkeit bearbeitet werden, wie zum Beispiel die Hintergründe der Entscheidung, das abgebrannte Wohnmobil aus Eisenach Stregda rasch abzutransportieren und damit eine sachgemäße Spurensicherung unmöglich zu machen, oder mögliche Einsätze des späteren Mordopfers Michèle Kiesewetter in der rechten Szene oder der organisierten Kriminalität. Auch den Erkenntnissen der Thüringer Landesbehörden bezüglich der Finanzierung des Lebens des Trios im Untergrund sollte nachgegangen werden.[111]

Der im November 2019 vorgelegte Bericht des zweiten NSU-Untersuchungsausschusses in Thüringen hat die Situation um das ausgebrannte Wohnmobil und insbesondere die vermutete Anwesenheit einer weiteren Person, die möglicherweise Uwe Mundlos und Uwe Böhnhardt getötet hat, detailliert rekonstruiert und sieht letzteres nicht bestätigt. Zugleich wurde die Arbeitsweise der Polizei kritisiert, etwa die unzureichende Abschirmung des Fahrzeugs während der Spurenermittlungen. Weitere Aufklärung bezüglich möglicher Verbindungen des NSU zur Organisierten Kriminalität – insbesondere mit Blick auf die Beschaffung von Waffen – erfolgte nur sehr begrenzt aufgrund der restriktiven Bereitstellung von Akten durch die Landesregierung.[112] Die Befassung mit dem Mord an der aus Thüringen stammenden Polizistin Michèle Kiesewetter blieb weitgehend randständig, allerdings wird die Theorie der Bundesanwaltschaft, der zufolge sie zufällig Opfer des NSU wurde, stark angezweifelt. Bezüglich der Behörden konstatiert der Bericht eine mangelnde Fehlerkultur (Disziplinarverfahren statt Lernprozesse) und Kommunikationsprobleme bis hin zum Datenverlust zwischen Landes- und Bundesbehörden. Gemeinsam verständigte sich der PUA u. a. darauf, das gesamte Aktenarchiv seiner Arbeit an das Thüringer Staatsarchiv zu überführen, um es journalistischer Arbeit und wissenschaftlicher Forschung zugänglich zu machen.

Seit dem 6. Mai 2013 – und damit weitgehend parallel zu den PUA – wurde vor dem Oberlandesgericht in München gegen Beate Zschäpe und vier NSU-Unterstützer verhandelt. Zschäpe wurde insbesondere Mittäterschaft in zehn Mordfällen, besonders schwerer Brandstiftung und Gründung und Mitgliedschaft in einer terroristischen Vereinigung vorgeworfen. Der frühere NPD-Funktionär Ralf Wohlleben musste sich der Anklage der Beihilfe zum neunfachen Mord durch Beschaffung der Tatwaffe, Carsten Schultze des Vorwurfs der Beihilfe zum neunfachen Mord durch Beschaffung der Tatwaffe, André Eminger wegen des Vorwurfs der Beihilfe zu einem Sprengstoffanschlag, zum Raub und wegen Unterstützung einer terroristischen Vereinigung in je zwei Fällen und Holger Gerlach wegen des Vorwurfs der Unterstützung einer terroristischen Vereinigung in drei Fällen verantworten.

Beate Zschäpe hatte zunächst die drei Rechtsanwälte Wolfgang Heer, Wolfgang Stahl und Anja Sturm als Pflichtverteidiger, wechselte dann jedoch im Juli bzw. Dezember 2015 zu den Rechtsanwälten Mathias Grasel und Hermann Borchert. Wohlleben wurde durch Wolfram Nahrath, Olaf Klemke und Nicole Schneiders vertreten, die vielfach als Anwälte der extrem rechten Szene auftraten und entsprechende Beweisanträge, u. a. zum angeblichen Mord an Rudolf Heß oder zur Feststellung eines angeblich bevorstehenden „Volkstods" der Deutschen, einbrachten.

Die Beweisaufnahme bezog sich zunächst vor allem auf die zehn Morde und die zwei angeklagten Sprengstoffanschläge des NSU (ein dritter wurde während des Verfahrens aus prozessökonomischen Gründen nicht verhandelt). Im Mittelpunkt des zweiten Jahres standen mögliche Verwicklungen der Nachrichtendienste und der Polizei in den NSU-Komplex; es folgte die Befassung mit den 15 Banküberfällen. Die Schlussphase war zunächst geprägt von der Entscheidung Zschäpes, in begrenztem Rahmen Einlassungen zu machen – allerdings lediglich in schriftlicher Form, was ein sehr langwieriges Procedere zur Folge hatte – sowie der Vorlage der psychologischen Gutachten bzw. Gegengutachten. Nach den Plädoyers (25.07.2017–22.06.2018) erging am 11. Juli 2018 das Urteil.

Beate Zschäpe wurde als Mittäterin der Morde und Sprengstoffanschläge, wegen Mitgliedschaft in einer terroristischen Vereinigung und wegen schwerer Brandstiftung zu lebenslanger Freiheitsstrafe verurteilt. Zudem stellte das Gericht die besondere Schwere ihrer Schuld fest. Die vier als NSU-Helfer angeklagten Männer wurden wegen Beihilfe zum Mord in neun Fällen zu zehn (Wohlleben) beziehungsweise drei (Schultze) Jahren Freiheitsstrafe verurteilt. Gerlach wurde wegen Unterstützung der terroristischen Vereinigung NSU schuldig gesprochen und zu drei Jahren Freiheitsstrafe verurteilt. Eminger, den einer seiner Verteidiger als „Nationalsozialist mit Haut und Haaren" bezeichnet hatte, erhielt wegen Unterstützung einer terroristischen Vereinigung zwei Jahre und sechs Monate Haft.

Die Angehörigen der NSU-Opfer kritisierten im Prozessverlauf, die Bundesanwaltschaft sei stets davon ausgegangen, dass es sich beim NSU lediglich um ein Trio gehandelt habe. Auch die Tatsache, dass es seitens des Gerichts keine Zwangsmaßnahmen gegen neonazistische Zeug*innen gab, die sich in den meisten Fällen auf „Erinnerungslücken" beriefen, blieb unverständlich. Das Urteil blieb für viele Angehörige vor allem hinsichtlich der Höhe der Haftstrafen für Wohlleben und Eminger enttäuschend; letztere hatte als Einziger von seinem Aussageverweigerungsrecht Gebrauch gemacht und kam mit dem niedrigsten Urteil davon. Zugleich hat das Strafverfahren – wie die PUA – die Opfer vollständig rehabilitiert. Der NSU-Komplex ist freilich nicht abschließend aufgeklärt, die Frage nach neonazistischen Helfer*innen vor Ort, von der Tatvorbereitung bis zur Tatdurchführung, ist beispielsweise noch immer unbeantwortet. Das von Bundeskanzlerin Merkel im Rahmen der Trauerfeier für die Opfer des NSU im Februar 2012 gegebene Versprechen nach vollständiger Aufklärung harrt weiter der Einlösung.

Erfahrungen der Betroffenen

Nach den Morden an Mehmet Kubaşık in Dortmund und Halit Yozgat in Kassel in den ersten Tagen des April 2006 organisierten Angehörige der Getöteten in beiden Städten Protestdemonstrationen, bei denen öffentlich auf eine rasche und umfassende Aufklärung der Mordserie gedrängt wurde. Die Familien und Partnerinnen der durch den NSU Ermordeten hatten zu diesem Zeitpunkt nicht nur einen engen Angehörigen verloren, sondern vielfache Erfahrungen ungerechtfertigter Verdächtigungen seitens der Ermittlungsbehörden gemacht[113], die durch die mediale Berichterstattung vielfach wiederholt und multipliziert worden waren.

Die Morde selbst hatten die Opfer jäh aus dem Alltag beruflichen und privaten Lebens gerissen und den Familien damit Vater, Bruder, Ehemann, Onkel oder Sohn genommen. Der Schmerz über den Verlust wurde vielfach von Angstzuständen, Albträumen und auch Nervenzusammenbrüchen begleitet. Das Wissen darum, dass der beziehungsweise die Täter*innen weiterhin nicht gefasst wurden, ließ Angehörige in ständiger Furcht und mit starken Verfolgungsgefühlen zurück.

Die polizeilichen Ermittlungen gingen auch dann noch vor allem von einer Verstrickung der Opfer in kriminelle Aktivitäten aus, nachdem trotz intensiver Ermittlungen und seitens der Angehörigen als diskriminierend empfundener Befragungen keinerlei einschlägige Indizien zusammengetragen werden konnten. Zwar taucht in den Berichten der Untersuchungsausschüsse wiederholt die Beteuerung der Ermittlungsbehörden auf, man habe in alle Richtungen ermittelt, tatsächlich aber war der im Rahmen der Ermittlungen betriebene Aufwand zugunsten der These, die Morde hätten einen kriminellen Hintergrund, um ein Vielfaches höher.[114] Dass im Rahmen von

Mordermittlungen zunächst alle erdenklichen Ansätze und Richtungen verfolgt werden, gilt als übliche Praxis. Angesichts der von den Ermittelnden vor den Untersuchungsausschüssen eingeräumten Situation, dass sich bezüglich der Opfer trotz intensivster, zum Teil auch die Integrität der Opferfamilien schädigender Ermittlungsmethoden keine belastbaren Tatmotive fanden, ist erklärungsbedürftig, dass man von der These der aktiven oder passiven Verstrickung in kriminelles Tun nicht lassen mochte. Wurde hinsichtlich einer rassistischen Motivation immer wieder darauf verwiesen, dass es hierfür keine Anhaltspunkte wie Bekennerschreiben gab und daher dieser Ermittlungsrichtung insgesamt wenig Beachtung geschenkt wurde, führte das Fehlen ernsthafter Anhaltspunkte im Bereich der organisierten Kriminalität jedoch insgesamt zum Einsatz immer neuer Ermittlungspraxen, wie z. B. den Betrieb eines Imbisses durch Polizeibeamte. Der Versuch der Polizei, auf diese Weise die vermuteten Schutzgelderpresser anzuziehen und der Täter*Innen habhaft zu werden, schlug fehl. Die einzige Drohung, die gegenüber dem Personal des polizeilich betriebenen Döner-Standes formuliert wurde, hatte einen rassistischen Inhalt.

Grundlage der Dominanz dieser polizeilichen Ermittlungsrichtung war ein stereotypes und negatives Bild von Migrant*innen, eine Verdachtskultur, die in manchen Fällen auch von offen rassistischen Wertungen stabilisiert wurde.[115] Dies ist gesellschaftlich breit verankerten Sichtweisen geschuldet, die migrantisches Leben in der Bundesrepublik Deutschland mit ethnisierenden Zuschreibungen versehen und eher negativ konnotieren – entlang von Bildern und Begriffen wie „Parallelgesellschaft", „Kriminalität", „Bedrohung" oder „Fremdheit". Wie andere gesellschaftliche Gruppen und Professionen sind auch Bedienstete in Polizei und Justiz hiervon nicht ausgenommen.

Die polizeiliche Ermittlungspraxis markierte die Opfer in starkem Ausmaß, zugleich aber unkonkret als „irgendwie" in kriminelles Handeln verstrickt. In der medialen

Berichterstattung wurde dieses Deutungsmuster häufig aufgegriffen und in etlichen Fällen nicht als polizeiliche Annahme, sondern gar als Tatsache präsentiert. Die polizeilichen Annahmen wurden in den Printmedien kaum hinterfragt und damit die Reichweite der polizeilichen Verdächtigungen vervielfacht. In der Berichterstattung insbesondere von regionalen Tageszeitungen fanden sich jedoch vereinzelt auch Darstellungen, die die Ermordeten als beliebte Mitglieder der jeweiligen Stadtgesellschaft und als geschätzte Familienangehörige vorstellten.[116]

Im sozialen Umfeld der Opfer und ihrer Angehörigen kam es zu weitreichenden Veränderungen. In der Schule wurden Kinder beschimpft und gedemütigt, in zahlreichen Fällen zogen sich Freunde und Bekannte der Familien zurück, da sie den polizeilichen Verdächtigungen Glauben schenkten, sodass eine Situation sozialer Isolation eintrat und das Gefühl der Schutzlosigkeit noch zunahm.[117] Der primären Viktimisierung folgte eine sekundäre Viktimisierung.

Sieht man insbesondere von dem Verein zur Unterstützung von Kriminalitätsopfern, der „Weiße Ring", ab, so erhielten die Familien der Opfer nach den Morden auch materiell nahezu keine Unterstützung. Dabei war die Situation von starker ökonomischer Unsicherheit und erheblichen finanziellen Lasten gekennzeichnet, nachdem Geschäfte und wirtschaftliche Existenzen verloren wurden, Ladenmiete weiter gezahlt werden musste und zusätzliche Kosten, etwa durch ärztliche Behandlungen, entstanden. Die Berufsgenossenschaften sahen lange Zeit keine Veranlassung zur Zahlung, da als Motiv der Taten familiäre Streitigkeiten oder mafiöse Aktivitäten nicht ausgeschlossen wurden. Familien der Hinterbliebenen mussten ihr Leben und die materielle Absicherung nach den Morden ganz neu organisieren, darunter auch die Lebensentwürfe Schulausbildung und Studium der Kinder.

Nach Bekanntwerden der Täterschaft wurde in vielen Fällen unbürokratisch geholfen – nicht zuletzt dank des engagierten und konsequenten Auftretens von Barbara John. Die

CDU-Politikerin war von 1981 bis 2003 Ausländerbeauftragte des Berliner Senats und wurde im Dezember 2011 als Ombudsfrau der Angehörigen der Opfer des NSU-Terrors berufen. In anderen Fällen sahen sich Betroffene mit systematischen Schwierigkeiten konfrontiert. So musste Mehmet O., in dessen Kneipe am 23. Juni 1999 eine vom NSU deponierte Bombe explodierte, eine Entschädigung mit anwaltlicher Hilfe durchsetzen, da das zuständige Bundesamt für Justiz gefordert hatte, er solle nachweisen, dass es sich um einen Terrorakt gehandelt hat.

Eine wichtige Auseinandersetzung nach Bekanntwerden des NSU bezog sich auf Inhalte und Formen des Erinnerns an die rassistische Mordserie. Der Thüringer Landtag hat 2017 die rassistische und extrem rechte Motivation der Morde in einer Erklärung anerkannt und sich zu seiner Verantwortung gegenüber den Opfern, Angehörigen und Geschädigten der rechtsterroristischen Morde, Anschläge und Raubüberfälle des NSU bekannt sowie die Einrichtung eines Entschädigungsfonds beschlossen.[118] Bis zum Sommer 2019 wurde nahezu die gesamte Summe von 1,5 Mio Euro abgerufen.

In den Städten der NSU-Morde wurden Tafeln mit den Namen der Ermordeten aufgestellt; vielfach blieben jedoch weitergehende Forderungen aus dem Kreis der Angehörigen – etwa nach (Um)Benennung einer Straße – unerfüllt. In Köln gab es zwar einen Wettbewerb für einen Ort der Erinnerung an den Anschlag in der Keupstraße; die Realisierung steht jedoch weiterhin aus – nicht zuletzt aufgrund von Entscheidungen der Stadt Köln. Welchen Beitrag das im Vertrag der sächsischen Regierungskoalition 2019 beschlossene Dokumentationszentrum zum NSU konkret leisten wird, bleibt abzuwarten.

Das Erinnern an rechte Gewalt hat in den letzten Jahren an Bedeutung gewonnen. Zahlreiche neue Initiativen sind entstanden, die an Menschen erinnern, die von Neonazis und Rassist*innen erschlagen oder erschossen wurden beziehungsweise aufgrund von Brandanschlägen ums Leben kamen. Zunehmend wird dabei inzwischen auch an Menschen erinnert, die außerhalb des jeweiligen Familienzusammenhangs als Opfer rechter Gewalt de facto vergessen worden waren. Eine stärkere Vernetzung dieser Initiativen und Aktivitäten – beispielsweise im Zusammenhang mit der „Möllner Rede im Exil“ – verleiht stärkeres Gehör in einem politischen Kampf um Anerkennung. Diesem geht es nicht nur darum, auf rechte Gewalt und deren Opfer sowie die strukturelle Verankerung von Rassismus aufmerksam zu machen, sondern Perspektiven, Erfahrungen und Lebensleistungen von Menschen mit Migrationsbiografie zu einem selbstverständlichen Teil der Geschichte und Zukunft der Bundesrepublik Deutschland zu machen.[119]

Gegenwärtiger Rechtsterrorismus in zahlreichen Varianten

In der neonazistischen Szene finden sich verschiedene sichtbare Formen der Bezugnahme auf den NSU. Manche stellen ihn als Projekt der Geheimdienste dar, mit dem das „nationale Lager“ in Misskredit gebracht und kriminalisiert werden solle. Hieran schloss auch die Kampagne „Freiheit für Wolle“ an, bei der die Freilassung des NPD-Kaders Ralf Wohlleben gefordert wurde, der neben Beate Zschäpe bis zur Urteilsverkündung in Untersuchungshaft saß. Zugleich finden sich positive Bezugnahmen auf die rassistische Gewalt des NSU.[120] Der neonazistische Liedermacher „FreilichFrei“ aus Sachsen besang auf seiner im November 2014 erschienenen CD Beate Zschäpe als Vorbild, woraufhin Mitte April 2015 in mehreren Bundesländern Wohnungen und Geschäftsräume durchsucht wurden. Immer wieder beziehen sich bis heute Neonazis auf den NSU.[121] Mit dem Kürzel „NSU 2.0“ unterzeichnete Drohschreiben wurden seit 2018 mehrfach an die Frankfurter Rechtsanwältin Seda Başay-Yıldız verschickt; diese enthielten eine konkrete Drohung gegen die zweijährige Tochter und demonstrativ die private Wohnanschrift. Letztere wurde von einem Polizeicomputer abgerufen; die Ermittlungen führten zu einer Gruppe extrem rechter Polizist*innen.[122]

Der Einsatz politisch motivierter Gewalt, die Bewaffnung und der Aufbau verdeckter Strukturen gehören zu den Handlungsoptionen extrem rechter Akteur*innen. Die Ermittlungs- bzw. Strafverfahren gegen Gruppen wie „Nordadler“, „Nordic Division“, „Wolfsbrigade“, „Old School Society“ oder „Revolution Chemnitz“, gegen deren Mitglieder im Oktober 2019 im Hochsicherheitstrakt des Oberlandesgerichts Dresden das

Verfahren begonnen wurde[123], spiegeln nur einen Teil der von Polizei und Staatsanwaltschaften durchgeführten Ermittlungen wider. Tatsächlich sind die zentralen Rahmenbedingungen für rechten Terrorismus und schwere politische Gewalt weiterhin gegeben:

- Die neonazistische Rechte, aber auch eine relevante Zahl islam- und migrationsfeindlicher Rassist*innen interpretiert Einwanderung und religiöse Vielfalt – nicht zuletzt im Zusammenhang mit der steigenden Zahl von Schutzsuchenden im Jahr 2015 – als existenzielle Bedrohung der „völkischen Existenz" Deutschlands und leitet daraus ein „Notwehrrecht" ab, mit dem auch der Einsatz von Gewalt rechtfertigt wird.
- Das neonazistische Milieu ist groß. Die Zahl der gewaltorientierten Rechtsextremisten wurde vom Inlandsnachrichtendienst des Bundes für das Jahr 2018 mit 12.700 angegeben.[124] Die erhöhte Mobilität anlässlich einer Vielzahl von Aufmärschen und Konzerten hat eine Vielzahl informeller Bekanntschaften und Strukturen geschaffen, über die sich radikalisierte Neonazis finden und – auch durch Nutzung moderner Kommunikations- und Verschlüsselungstechnologien – konspirativ organisieren können.
- Das Auftreten von „Pegida", das die Möglichkeit der Entwicklung einer rassistischen Massenbewegung in Deutschland verdeutlicht hat, setzt sich in der extremen Rechten als starke Motivation für eine Radikalisierung der politischen Auseinandersetzung um Migration, Flucht und Asyl um. Zwar wird nominell Gewaltfreiheit als Charakteristikum der Bewegung in Anspruch genommen, tatsächlich kommt es anlässlich der Veranstaltungen regelmäßig zu Gewaltdrohungen und Übergriffen – etwa gegen Journalist*innen.
- Die Szene verfügt – trotz mancher Bemühungen der Innenminister und der Beschlagnahme von nahezu 1.100 Waffen alleine im Jahr 2018 – weiterhin legal über Waffen[125]; dieser legale Waffenbesitz bietet auch die Möglichkeit, den Waffeneinsatz zu trainieren. Die Szene hat – nicht zuletzt über

eine wachsende Zahl von Kontakten ins Milieu der Rocker – zudem vielfältige Möglichkeiten der illegalen Beschaffung von Waffen. Trainings an Waffen finden im Ausland statt. Die Beschaffung bzw. Herstellung von Sprengmitteln ist nicht zuletzt dank des Internets vereinfacht.

- Die Szene ist – nicht nur, aber auch wegen der gestiegenen internationalen Vernetzung – in der Lage, gesuchte Neonazis zu verstecken. Der fränkische Neonazi Gerd Ittner, der enge Verbindungen zum THS unterhielt, entzog sich seiner Verhaftung im Frühjahr 2005 und wurde erst sieben Jahre später in Portugal verhaftet und nach Deutschland ausgeliefert. Die Zahl per Haftbefehl gesuchter Neonazis beläuft sich konstant auf eine mittlere dreistellige Zahl.
- Von erheblicher Bedeutung für das Ausmaß rechten Terrorismus ist schließlich eine wirksame Verfolgung rechter, rassistischer und antisemitischer Gewalt. Eine Kultur weitgehender Straflosigkeit gegenüber auch schweren Straf- und Gewalttaten, die in Thüringen und Sachsen in den 1990er-Jahren die Entstehung einer gewalttätigen neonazistischen Szene und damit des NSU-Netzwerkes begünstigt hat, ist kontraproduktiv. In den letzten Jahren hat sich eine alltägliche Droh- und Einschüchterungspraxis seitens der extremen Rechten etabliert, die offene Mordaufrufe gegen namentlich genannte Personen umfasst, im Regelfall aber nicht sanktioniert wird.

Die Formen des rechten Terrorismus haben sich in den letzten Jahren erkennbar ausdifferenziert. Weiterhin existieren Gruppenstrukturen, die entsprechende Gewalttaten vorbereiten und umsetzen. Es gibt Täter, die durch einschlägige Vorbilder und Kommunikation im Internet radikalisiert wurden, in der operativen Tatumsetzung aber alleine handelten, wie zum Beispiel der Mordanschlag auf die heutige Kölner Oberbürgermeisterin Henriette Räker im Herbst 2015 durch Frank Steffen. Steffen war ein ehemals im Umfeld der 1995 vom Bundesinnenminister verbotenen Freiheitlichen Deutschen Arbeiterpartei aktiver Neonazi. Aber auch der Versuch der Stürmung einer

Synagoge in Halle an der Saale mit Waffengewalt zeigt ein ähnliches Täterprofil. Auch der Neonazi Stephan Ernst, dem der Mord an dem Kasseler Regierungspräsidenten Walter Lübcke zur Last gelegt wird, hatte insgesamt etwa 60 Personen und Objekte ausgespäht.

Insbesondere das terroristische Handeln von Anders Breivik, der zu seinem Bombenanschlag am Juli 2011 im Osloer Regierungsviertel und dem Massenmord auf Utøya ein umfangreiches Manifest im Internet veröffentlichte, ist zum Bezugspunkt von gleichgesinnten Tätern rund um den Globus geworden. Das Konzept dieses rechten Terrorismus besteht darin, in Verbindung mit der Tötung von Menschen, die als Feinde markiert wurden, in dreifacher Hinsicht eine Botschaft auszuformulieren: in programmatischer Hinsicht eine Bestimmung der Lage und der Feinde vorzunehmen, in operativer Hinsicht Hinweise auf Waffen(Beschaffung), Logistik und Vorgehensweise zu geben, sowie sich selbst als Vorbild und Avantgarde zu inszenieren. Derselben Logik folgte, wenn auch verbal weniger elaboriert, Stephan Balliet, der am 9. Oktober 2019 beim Versuch, die Synagoge in Halle an der Saale zu stürmen, um die sich dort anlässlich des Jom Kippur-Feiertages aufhaltenden Juden und Jüdinnen zu ermorden, zwei Menschen erschoss. Seine Erklärung war der Grundstruktur einer Spielanleitung von Ego-Shootern entlehnt. Zugleich übertrug der Attentäter seine Gewalttat live ins Internet. Balliet nahm sich dabei Brenton Tarrant zum Vorbild, der am 15. März 2019 im neuseeeländischen Christchurch 51 Menschen in zwei Moscheen erschossen hatte. Dieser hatte zuvor bereits den Attentäter auf eine Synagoge in der kalifornischen Kleinstadt Poway am 27. April 2019 sowie Patrick Crusius, den Täter von El Paso, inspiriert, der am 3. August 2019 in einem Supermarkt 22 Menschen tötete.[126] Extrem rechte Terroristen orientieren sich zunehmend international: Brenton Tarrant etwa teilte wenige Tage vor seiner Tat auch Medienberichte über extrem rechte Bundeswehrsoldaten und spendete Geld an die „Identitäre Bewegung“ in Österreich. Die Gruppe „AtomwaffenDivision“, die in den

USA für mehrere Morde verantwortlich gemacht wird, tritt in Deutschland, wo ihr mehrere Dutzend Personen angehören sollen[127], bisher vor allem mit Drohbotschaften auf, erklärte aber in einem Video von Anfang Oktober 2019, dass nun zur Tat geschritten werden müsse.[128]

In Deutschland markieren zahlreiche schwere Gewalttaten von rechts im zweiten Halbjahr 2019 exemplarisch die Dimension des rechten Terrorismus: am 22. Juli schoss Roland K. aus Wächtersbach einen Eritreer nieder; Anfang Oktober schoss ein 28-jähriger Deutscher am Bad Hersfelder Bahnhof auf einen Mann aus Somalia; ein Rentner aus Heilbronn stach mit dem Messer auf drei Menschen ein; in Torgau wurde ein aus Syrien Geflüchteter beschossen[129]; all dies waren Täter, die in ihren Nachbarschaften kaum als gewalttätige Rassisten bekannt waren. Diese Fälle zeigen, dass das rechte Gewaltpotenzial viel höher ist, als vielfach von politisch Verantwortlichen unter Verweis auf die Zahl von 12.700 gewaltorientierten Rechtsextremen behauptet. Es ist zu vergegenwärtigen, dass in dieser Aufstellung „Gewaltorientierung" eine Untergruppe der „Extremisten" ist, d. h. die Identifizierung als „Extremist" ist die vorgängige Kategorisierung.[130] Angesichts der in vielen Situationen beobachtbaren Gewaltorientierung – etwa bei Pegida-Demonstrationen gegen Journalist*innen, in den islam- und migrationsfeindlichen Strukturen und Milieus sowie mit Blick auf die vielfach im Internet sichtbare Hasskriminalität – dürfte die Zahl derjenigen, die in Deutschland Gewalthandeln aus rassistischen und antisemitischen Motiven befürworten, wohl sechsstellig sein.

In Polizei und Bundeswehr sind extrem rechte Strukturen bekannt geworden, aus denen heraus Menschen bedroht wurden bzw. die sich mit der Tötung als unliebsam definierter Personen befassten. Diese Einrichtungen haben bevorzugten Zugang zu Waffen, Munition und Sprengmitteln. Angehörige der Polizei und der Bundeswehr haben Kenntnisse in der Anwendung von Waffen und je nach Einsatzaufgabe auch von Sabotagetechniken. Sie können auch polizeiliche Datenquellen nutzen und kennen den Ablauf von Ermittlungsverfahren. In der hessischen Polizei flog eine Gruppe von extrem rechten Polizist*innen auf, die u. a. die Bedrohung der Rechtsanwältin Seda Başay-Yıldız ermöglichten. In Mecklenburg-Vorpommern wird eine Gruppe von acht Angehörigen eines Sondereinsatzkommandos der Polizei ermittelt, darunter auch Marko G.; er wurde Mitte Dezember 2019 vom Landgericht Schwerin wegen illegalem Waffen- und Kriegswaffenbesitzes zu 21 Monaten Haft auf Bewährung verurteilt. Er war auch Mitglied einer Gruppe mit dem Namen „Vier gewinnt", in der die Bestellung von Leichensäcken und Löschkalk geplant wurde, die wiederum Teil des weit verzweigten etwa 30 Köpfe umfassenden „Kreuz-Netzwerks" war. Die Chat-Gruppen des Netzwerks wurden vom ehemaligen KSK-Mitglied Andrè S. (alias „Hannibal") und von Robert P. (alias „Petrus") geleitet. An der Untergruppe „Südkreuz" war auch Bundeswehr-Oberleutnant Franco A. beteiligt, der sich als Flüchtling hatte registrieren lassen, um – so die Annahme der ermittelnden Behörden – für die geplante Gewalttat anschließend Geflüchtete verantwortlich machen zu können (sog. false flag-Operation).[131] Nach Angaben des Militärischen Abschirmdienstes steht derzeit vor allem die Elite-Einheit der Bundeswehr, das Kommando Spezialkräfte (KSK), unter Beobachtung, weil dort wegen mehr als zwei Dutzend Verdachtsfällen ermittelt wird, darunter auch Bezüge zur extrem rechten „Identitären Bewegung".[132]

Die hier genannten Beispiele verdeutlichen, dass schwere rechte Gewalt und neonazistischer Terrorismus inzwischen in vielfältigen Formen auftreten, verschiedenen Konzepten folgen kann und in seinen Begründungszusammenhängen häufig eine Mischung aus rassistischen, antisemitischen und antifeministischen Versatzstücken auftreten.[133] Die reale Wirkung – von Einschüchterung und Bedrohungen bis hin zum gezielten Mord – wird in der Gesellschaft nicht angemessen wahrgenommen. Die Reaktionen sind unzureichend und vielfach nur von kurzer Dauer – wie der Mord an Walter Lübcke und der versuchte Massenmord in Halle an der Saale gezeigt haben.

Fußnoten

1 Vgl. Fabian Virchow (2014): Der „NSU“ und der staatliche Sicherheitsapparat im Lichte der parlamentarischen Untersuchungsausschüsse und Kommissionen. *Neue Kriminalpolitik* 2/2014: 140–152.

2 Bundesamt für Verfassungsschutz (2004): BfV-Spezial Rechtsextremismus Nr. 21. Gefahr eines bewaffneten Kampfes deutscher Rechtsextremisten – Entwicklungen von 1997 bis Mitte 2004. Köln: 46. Ähnlich: Armin Pfahl-Traughber (2006): Rechtsextremismus in der Bundesrepublik. München: 75–77.

3 Bundesamt für Verfassungsschutz (2004): BfV-Spezial Rechtsextremismus Nr. 21. Gefahr eines bewaffneten Kampfes deutscher Rechtsextremisten – Entwicklungen von 1997 bis Mitte 2004. Köln: 46.

4 Vgl. exemplarisch Hermann Vinke (1981): Mit zweierlei Maß. Die deutsche Reaktion auf den Terror von rechts. Reinbek.

5 Hans-Gerd Jaschke (2001): Rechtsextremismus und Fremdenfeindlichkeit: Begriffe, Positionen, Praxisfelder. Wiesbaden: 30.

6 Vgl. Alex P. Schmid/Albert J. Jongman (1988): Political Terrorism. A new guide to actors, authors, concepts, databases, theories and literature, Amsterdam; Joseph J. Easson/Alex P. Schmid (2011): Appendix 2.1: 250-plus Academic, Governmental and Intergovernmental Definitions of Terrorism. In: Alex P. Schmid (Hrsg.): The Routledge Handbook of Terrorism Research. New York: 99–157.

7 Vgl. Martha Chrenshaw (1981). The Causes of Terrorism: *Comparative Politics* 4/1981: 379–399 (379).

8 Vgl. PDS-Landesvorstand Berlin (1997): Die Einzeltäter. Hintergründe zum Lübecker Strafprozeß gegen den Berliner Kay Diesner. Berlin: 36 und 43f.

9 Vgl. Peter Dudek/Hans-Gerd Jaschke (1984): Entstehung und Entwicklung des Rechtsextremismus in der Bundesrepublik. Band 1. Opladen: 356–388; Erich Schmidt-Eenboom/Ulrich Stoll (2015): Die Partisanen der Nato: Stay-Behind-Organisationen in Deutschland 1946–1990. Berlin.

10 Vgl. Leo A. Müller (1991): Gladio – das Erbe des Kalten Krieges. Reinbek: 72–140.

11 Vgl. Paul Lüth (1951): Bürger und Partisan. Über den Widerstand gestern, heute und morgen. Frankfurt/Main.

12 Vgl. Hessischer Minister für Inneres (1954): Der Technische Dienst des Bundes Deutscher Jugend (BDJ). 3. Bände. Wiesbaden.

13 Vgl. im Detail Rolf Steininger (1999): Südtirol zwischen Diplomatie und Terror 1947–1969. Darstellung in drei Bänden. Bozen. Im März 1963 hatte sich in Berlin der Jurastudent Jürgen Bischoff beim Bau einer Bombe, die er an der Mauer ablegen wollte, selbst getötet.

14 Vgl. Fabian Virchow (2010): Faschistische „Tatgemeinschaft“ oder weltanschauliche Kaderschmiede? Systemoppositionelle Strategien der bundesdeutschen Rechten nach 1969. In: Livi, Massimiliano/Schmidt, Daniel/Sturm, Michael (Hrsg.): Die 1970er Jahre als schwarzes Jahrzehnt. Politisierung und Mobilisierung zwischen christlicher Demokratie und extremer Rechter. Frankfurt/Main & New York: 229–247.

15 Vgl. Olaf Sundermeyer (2012): Rechter Terror in Deutschland. Eine Geschichte der Gewalt. München.

16 Vgl. Klaus-Henning Rosen (1989): Rechsterrorismus. Gruppen – Taten – Hintergründe. Bonn: 52/3.

17 Vgl. Klaus-Henning Rosen (1989): Rechsterrorismus. Gruppen – Taten – Hintergründe. Bonn: 59.

18 Neidhardt, Friedhelm (1982): Linker und rechter Terrorismus. In: Baeyer-Katte, Wanda von/Claessens, Dieter/Feger, Hubert/Neidhardt, Friedhelm (Hrsg.): Gruppenprozesse. Analysen zum Terrorismus Bd. 3. Opladen: 444 ff. Die Jahresangaben bei Rosen (S. 61) sind irreführend.

19 Vgl. Barbara Manthe (2020): Rechtsterroristische Gewalt in den 1970er Jahren. Die Kühnen-Schulte-Wegener-Gruppe und der Bückeburger Prozess 1979. In: Vierteljahrshefte für Zeitgeschichte, Band 68, Heft 1/2020 (i. E.).

20 Vgl. Stefan Aust/Dirk Laabs (2014): Heimatschutz. Der Staat und die Mordserie des NSU. München: 98.

21 Peter Reichel (2007): Erfundene Erinnerung – Weltkrieg und Judenmord in Film und Theater. Frankfurt/Main: 261.

22 Vgl. Es ist Wolfszeit. In: Der Spiegel 46/1981: 30–31.

23 Vgl. Stefan Aust/Dirk Laabs (2014): Heimatschutz. Der Staat und die Mordserie des NSU. München: 99.

24 Vgl. Landesverband der Jüdischen Gemeinden in Hessen/Jüdische Gemeinde Darmstadt (1976): Manfred Roeder. Eine Dokumentation. Darmstadt.

25 Vgl. Jürgen Strohmaier (1982): Manfred Roeder – ein Brandstifter. Dokumente und Hintergründe zum Stammheimer Neofaschisten-Prozeß. Stuttgart.

26 Vgl. Rainer Fromm (1998): Die „Wehrsportgruppe Hoffmann“: Darstellung, Analyse und Einordnung. Frankfurt/Main.

27 Vgl. Hermann Vinke (1981): Mit zweierlei Maß. Die deutsche Reaktion auf den Terror von rechts. Reinbek: 21/22 bzw. 30.

28 Vgl. Pressedienst Demokratische Initiative (PDI) (1981): Die Volkssozialistische Bewegung Deutschlands – Sammelbecken militanter Rechtsradikaler. München.

29 Eike Hennig (1984): F. Sch. (1957–1980) – Ein „politischer Soldat“: „Wir müssen bereit sein zu sterben, zu retten die Ehr’. In: Werner Graf (Hrsg.): „Wenn ich die Regierung wäre…“ Die rechtsradikale Bedrohung. Bonn: 58.

30 Vgl. Stefan Aust/Dirk Laabs (2014): Heimatschutz. Der Staat und die Mordserie des NSU. München: 91.

31 Vgl. Fabian Virchow (2006): Gegen den Zivilismus. Internationale Beziehungen und Militär in den politischen Konzeptionen der extremen Rechten. Wiesbaden.

32 Vgl. Antifaschistisches Autorenkollektiv (1996): Drahtzieher im braunen Netz. Hamburg: 46ff.

33 Christoph Kopke (2017): Gutachterliche Stellungnahme. Amoktat, Attentat, Hasskriminalität? Überlegungen zur Bewertung des mehrfachen Mordes des David S. Berlin; Matthias Quent (2017): Ist die Mehrfachtötung am OEZ München ein Hassverbrechen? Jena.

34 „Der Wehrwolf" war der Titel eines 1910 vom völkisch-nationalen Schriftsteller Hermann Löns veröffentlichten Buches, in dem dieser literarisch von den erbarmungslosen Gewalttaten von Bauern gegen marodierende Feinde im Dreißigjährigen Krieg erzählt. Löns' Werk wurde vom NS-Regime propagandistisch genutzt, sein Buch der Hitler-Jugend gegen Ende des Zweiten Weltkrieges zur Lektüre verordnet. Die Schreibweise „Werwolf" wurde für die Partisanenorganisation wegen des Bezuges zur germanischen Mythologie gewählt, die ihn als umherstreifenden und töteten Mannwolf beschreibt und daher besonders furchteinflößend wirken soll; desweiteren konnte so eine Verwechselungen mit dem insbesondere in den 1920er Jahren in Konkurrenz zur NSDAP auftretenden „Wehrwolf – Bund deutscher Männer und Frontkrieger e.V." vermieden werden (Vgl. Roderick H. Watt (1991): Wehrwolf or Werwolf? Literature, Legend, or Lexical Error into Nazi Propaganda? *Modern Language Review* 87(4): 879–895). Der „Werwolf" blieb jedoch weitgehend wirkungslos (vgl. Alexander Perry Biddiscombe (1998): *Werwolf! The history of the National Socialist guerrilla movement, 1944–1946. Toronto/Buffalo.).*

35 Arthur Ehrhardt (1945): Werwolf. Winke für Jagdeinheiten. o. O.: 5.

36 Ebd.: 6.

37 Vgl. Antifaschistisches Autorenkollektiv (1996): Drahtzieher im braunen Netz. Hamburg: 43.

38 Vgl. Deutsche Stimme Verlagsgesellschaft mbH (2000): Alles Grosse steht im Sturm. Der Katalog 2000. Neuburg a.d. Donau: 26. Dies. (2001): Deutschland – Phoenix aus der Asche. Der Katalog 2001. Riesa: 34.

39 Vgl. Zentralsekretariat des Schweizerischen Unteroffiziersverbandes (Hrsg.) (1966): Der totale Widerstand. Kleinkriegsanleitung für jedermann. Biel.

40 Vgl. Anton Maegerle/Susanne Stiefel (2015): Rechter Terror im Musterländle. In: Kontext Wochenzeitung Nr. 206 vom 11.03.2015.

41 Vgl. Eike Hennig (1984): F. Sch. (1957–1980) – Ein „politischer Soldat": „Wir müssen bereit sein zu sterben, zu retten die Ehr'. In: Werner Graf (Hrsg.): „Wenn ich die Regierung wäre..." Die rechtsradikale Bedrohung. Bonn: 61.

42 Hans Westmar (1993): Eine Bewegung in Waffen. Band I: Massenpsychologie, Propaganda und Revolution. *NS-Kampfruf* Nr. 99: 7.

43 Hans Westmar (1991): Eine Bewegung in Waffen. Band II: Strategie und revolutionärer Kleinkrieg. o. O.: 30.

44 Ebd.: 45 bzw. 46.

45 Ebd.: 48 bzw. 49–50.

46 Ebd.: 63.

47 Ebd.: 63.

48 Autorenkollektiv Werwolf (1992): Eine Bewegung in Waffen. Band IIb: Handbuch für improvisierte Sprengtechnik. o. O.

49 Vgl. Andrew Macdonald (1980): The Turner diaries. Washington. D. C. Das Buch ist in der Bundesrepublik Deutschland indiziert.

50 Vgl. Janet Wilson (2014): Toxic Rhetoric: The Language of *The Turner Diaries*: A Novel. In: Matthew Feldman/Paul Jackson (Hrsg.): Doublespeak. The Rhetoric of the Far Right since 1945. Stuttgart: 61–80.

51 Vgl. Eike Sanders/Kevin Stützel/Klara Tymanova (2013): Taten und Worte. Neonazistische „Blaupausen" des NSU. In: Bodo Ramelow (Hrsg.): Schreddern, Spitzeln, Staatsversagen. Hamburg: 114–125, hier 118.

52 Vgl. William Pierce (1989): Hunter. Arlington.

53 Ebd.: 12.

54 Vgl. Eike Sanders (2015): Was ein ehrbarer Mann tun muss. URL: http://www.nsu-watch.info/2015/05/was-ein-ehrbarer-mann-tun-muss/ (14.08.2015).

55 Vgl. Paul Jackson (2015): British neo-Nazi fiction. Colin Jordan's *Merrie England – 2000* and *The Uprising* In: Nigel Copsey/John E. Richardson (Hrsg.): Cultures of Post-War British Fascism. Abingdon/New York: 86–107.

56 Vgl. Michael Weiss (2015): Der NSU im Netz von Blood & Honour und Combat 18 – Gesamtversion. URL: http://www.nsu-watch.info/2015/06/der-nsu-im-netz-von-blood-honour-und-combat-18-gesamtversion/ (12.08.2015).

57 Max Hammer (2000): Blood & Honour – The Way Forward. o. O.: 1.

58 Vgl. Bernd Siegler (1991): Auferstanden aus Ruinen. Rechtsextremismus in der DDR. Berlin: 47ff. und 64ff.

59 Vgl. Bernd Wagner (2014): Rechtsradikalismus in der Spät-DDR: zur militant-nazistischen Radikalisierung. Berlin.

60 Vgl. Andreas Borchers (1992): Neue Nazis im Osten. Hintergründe und Fakten. Weinheim.

61 Vgl. Ulrich Herbert (2001): Geschichte der Ausländerpolitik in Deutschland. München: 299ff.

62 Vgl. Rainer Fromm (1993): Rechtsextremismus in Thüringen. Marburg: 10f.

63 Werner Bergmann/Rainer Erb (1994): Eine soziale Bewegung von rechts? Entwicklung und Vernetzung der rechten Szene in den neuen Bundesländern. In: Forschungsjournal Neue Soziale Bewegungen, Heft 2: 80–99, hier 94.

64 Vgl. Christian Dornbusch/Jan Raabe (2006): RechtsRock – Made in Thüringen. Erfurt.

65 Anne Clair Groffmann (2001): Das unvollendete Drama. Jugend- und Skinheadgruppen im Vereinigungsprozeß. Opladen. 180ff.

66 Vgl. ebd.: 15ff.

67 Vgl. PDS/Linke Liste im Bundestag (Hrsg.) (1993): Blickpunkt Rechtsextremismus. Rechtsextremistische Strukturen 1991/1992 in den neuen Bundesländern: 22.

68 Vgl. Thüringer Innenministerium (2003): Verfassungsschutzbericht 2002. Erfurt: 32. Andere Zahlangaben sind nicht zugänglich.

69 Vgl. insbesondere Index Nr. 26 (März 1992); Index Nr. 29 (August 1992).

70 Vgl. Antifaschistisches Autorenkollektiv (1996): Drahtzieher im braunen Netz. Hamburg: 60–79.

71 Vgl. Broschürengruppe (Hrsg.) (2001):... nicht vom Himmel gefallen. Rechtsextremismus in Jena. Jena.

72 Vgl. Thüringer Landtag/Untersuchungsausschuss 5/1 (2013): Abschlussbericht. Erfurt.

73 Vgl. Antifaschistisches Presse-Archiv und Bildungszentrum Berlin e.V. (Hrsg.) (1997): Die „Berlin Brandenburger Zeitung". Von der Legalität neofaschistischer Propaganda. Berlin.

74 Vgl. MDR (2012): Neonazis nutzten Gelände bei Kahla für Schießübungen. URL: http://www.mdr.de/thueringen/zwickauer-trio428.html (14.08.2015)

75 Vgl. Thüringer Landtag Untersuchungsausschuss 5/1 (2013): Abschlussbericht. Erfurt: 737.

76 Vgl. Zentralorgan 3/1998: 11.

77 Vgl. „Geheimdienst warnt Neonazi". Thüringische Landeszeitung vom 30. Mai 2001.

78 Vgl. Matthias Quent/Peter Schulz (2015): Rechtsextremismus in lokalen Kontexten. Wiesbaden: 170.

79 Vgl. Andrea Röpke/Andreas Speit (2013): Blut und Ehre. Geschichte und Gegenwart rechter Gewalt in Deutschland. Berlin: 195f.

80 Vgl. "Vorwärts für die arische Rasse". Der Spiegel 42/1991: 38ff.

81 Deutscher Bundestag (2013): Beschlussempfehlung und Bericht des 2. Untersuchungsausschusses nach Artikel 44 des Grundgesetzes. Berlin. BT-Drucksache 17/14600: 114–136.

82 Vgl. Broschürengruppe (Hrsg.) (2001):... nicht vom Himmel gefallen. Rechtsextremismus in Jena. Jena: 12ff.

83 Vgl. Mobit e.V. (2002): Im Westen nichts Neues? Rechtsextremistische Strukturen in Westthüringen. Erfurt: 34f.

84 Vgl. Kleine Anfrage der Abgeordneten Renner (DIE LINKE) und Antwort des Thüringer Innenministeriums: Sprengstofffunde bei Rechtsextremen in Thüringen. Drucksache 5/4246 vom 26.03.2012.

85 Vgl. Heike Kleffner/Anna Spangenberg (Hrsg.) (2016): Generation Hoyerswerda. Das Netzwerk militanter Neonazis in Brandenburg. Berlin.

86 Vgl. o.V. (1997): Aufruf an alle Deutschen zur Notwehr gegen die Überfremdung. Dresden.

87 Vgl. Rainer Erb (2012): Der „Nationalsozialistische Untergrund". In: Jahrbuch für Antisemitismusforschung 21: 392–421, hier 401.

88 Vgl. Sächsischer Landtag (2014): 5. Legislaturperiode. 3. Untersuchungsausschuss. Band II: 30–109.

89 Deutscher Bundestag (2013): Beschlussempfehlung und Bericht des 2. Untersuchungsausschusses nach Artikel 44 des Grundgesetzes. Berlin: 717ff.

90 Deutscher Bundestag (2013): Beschlussempfehlung und Bericht des 2. Untersuchungsausschusses nach Artikel 44 des Grundgesetzes. Berlin. BT-Drucksache 17/14600: 160.

91 Deutscher Bundestag (2013): Beschlussempfehlung und Bericht des 2. Untersuchungsausschusses nach Artikel 44 des Grundgesetzes. Berlin. BT-Drucksache 17/14600: 74.

92 Vgl. das entsprechende Transkript, URL: http://www.nsu-watch.info/files/2013/05/NSU-Transkript.pdf (14.09.2015)

93 Vgl. Rainer Erb (2012): Der „Nationalsozialistische Untergrund". In: Jahrbuch für Antisemitismusforschung 21: 392–421, hier 411–12.

94 Vgl. Landtag von Baden-Württemberg (2016): Bericht und Beschlussempfehlung des Untersuchungsausschusses „Die Aufarbeitung der Kontakte und Aktivitäten des Nationalsozialistischen Untergrunds (NSU) in Baden-Württemberg und die Umstände der Ermordung der Polizeibeamtin M. K.". Drucksache 15/8000: 224–351.

95 Vgl. Heike Kleffner (2018): (K)Eine gespaltene Wahrnehmung: Antisemitismus und der NSU. *INAMO* 2/2018: 35–39.

96 Vgl. Bundesministerium des Innern (1982): Gewalt von rechts. Bonn: 297.

97 So etwa Armin Pfahl-Traughber (2012): Die neue Dimension des Rechtsterrorismus. Die Mordserie des „Nationalsozialistischen Untergrundes" aus dem Verborgenen. In: Ders. (Hrsg.): Jahrbuch für Extremismus- und Terrorismusforschung 2011/12 (II). Brühl: 58–101 (99).

98 Vgl. Stefan Aust/Dirk Laabs (2014): Heimatschutz. Der Staat und die Mordserie des NSU. München: 535–536.

99 Weitere Beispiele finden sich bei Rolf Gössner (2012): Geheime Informanten. V-Leute des Verfassungsschutzes: Neonazis im Dienst des Staates. Neobooks, sowie im Heft Nr. 150 der Zeitschrift „Der Rechte Rand".

100 Vgl. Antifaschistisches Autorenkollektiv (1996): Drahtzieher im braunen Netz. Hamburg: 203ff.

101 Vgl. Schlussbericht des Parlamentarischen Untersuchungsausschusses III im Auftrag des Landtags Nordrhein-Westfalen. Düsseldorf. LT-Drucksache 16/14400: 135–156.

102 Vgl. Schlussbericht des Parlamentarischen Untersuchungsausschusses III im Auftrag des Landtags Nordrhein-Westfalen. Düsseldorf. LT-Drucksache 16/14400: 315–320.

103 Vgl. Sebastian Scharmer (2018): Aufklärungsanspruch nicht erfüllt – ein Schlussstrich kann nicht gezogen werden. In: Antonia von der Behrens (Hrsg.): Kein Schlusswort. Hamburg: 63–104.

104 Vgl. Dirk Laabs (2015): Der Verfassungsschutz und der NSU. In: Wolfgang Frindte/Daniel Geschke/Nicole Haußecker/Franziska Schmidtke (Hrsg.): Rechtsextremismus und „Nationalsozialistischer Untergrund". Wiesbaden: 225–257.

105 Vgl. BKA-Positionspapier (1997) Betreff: Zusammenarbeit zwischen Verfassungsschutz und Bundeskriminalamt. Wiesbaden.

106 Vgl. Gerhard Schäfer/Volkhard Wache/Gerhard Meiborg (2012): Gutachten zum Verhalten der Thüringer Behörden und Staatsanwaltschaften bei der Verfolgung des „Zwickauer Trios". Erfurt.

107 Vgl. Fabian Virchow (2014): Der „NSU" und der staatliche Sicherheitsapparat im Lichte der parlamentarischen Untersuchungsausschüsse und Kommissionen. In: Neue Kriminalpolitik 2/2014: 140–152.

108 Die Abschlussberichte der PUA sind über die Dokumenten-Server des Bundestages bzw. der Landtage abrufbar.

109 Vgl. Thüringer Landtag Untersuchungsausschuss 5/1 (2013): Abschlussbericht. Erfurt: 1.

110 Vgl. Thüringer Landtag (2014): Bericht des Untersuchungsausschusses 5/1 „Rechtsterrorismus und Behördenhandeln". Erfurt. Drucksache 5/8080, Band III.

111 Vgl. Beschluss: Fortsetzung der Aufarbeitung der dem „Nationalsozialistischen Untergrund" (NSU) sowie der mit ihm kooperierenden Netzwerke zuzuordnenden Straftaten unter Berücksichtigung der Verantwortung der Thüringer Sicherheits- und Justizbehörden, der zuständiger Ministerien sowie deren politischer Leitung bei der erfolglosen Fahndung nach den untergetauchten Mitgliedern des NSU. Thüringer Landtag Drucksache 6/314 vom 27.02.2015.

112 Vgl. dpa/MDR (2019): Gutachter im NSU-Ausschuss zieht eigenen Bericht in Zweifel. MDR Thüringen vom 12.04.2019.

113 Vgl. exemplarisch Schlussbericht des Parlamentarischen Untersuchungsausschusses III im Auftrag des Landtags Nordrhein-Westfalen. Düsseldorf. LT-Drucksache 16/14400: 428–441; Carsten Ilius (2018): Der Mord an Mehmet Kubaşık in Dortmund. Beispiel für rassistische Ermittlungen und unzureichende Ermittlungen hinsichtlich lokaler NSU-Netzwerkstrukturen. In: Antonia von der Behrens (Hrsg.): Kein Schlusswort. Hamburg: 27–61, hier 35–37.

114 Vgl. Deutscher Bundestag (2013): Beschlussempfehlung und Bericht des 2. Untersuchungsausschusses nach Artikel 44 des Grundgesetzes. Berlin. BT-Drucksache 17/14600: 834ff.

115 Vgl. Deutscher Bundestag (2013): Beschlussempfehlung und Bericht des 2. Untersuchungsausschusses nach Artikel 44 des Grundgesetzes. Berlin. BT-Drucksache 17/14600: 991.

116 Fabian Virchow/Tanja Thomas/Elke Grittmann (2015): „Das Unwort erklärt die Untat". Die Berichterstattung über die NSU-Morde – eine Medienkritik. Frankfurt/Main.

117 Vgl. Barbara John (Hrsg.) (2014): Unsere Wunden kann die Zeit nicht heilen. Was der NSU-Terror für die Opfer und Angehörigen bedeutet. Freiburg; Semiya Şimşek (2013): Schmerzliche Heimat. Deutschland und der Mord an meinem Vater. Berlin.

118 Vgl. Thüringer Landtag (2017): Drucksache 6/4574.

119 Vgl. Tanja Thomas/Fabian Virchow (2019): Doing Memory und Rechte Gewalt. Erinnern und Vergessen als Praxis und Ausgangspunkt für postmigrantisches Zusammenleben. In: Jalta – Positionen zur jüdischen Gegenwart Nr. 4: 60–64; Tanja Thomas/Fabian Virchow (2019): Praxen der Erinnerung als Kämpfe um Anerkennung. In: Dürr, Tina/Becker, Reiner (Hrsg.): Leerstelle Rassismus? Analysen und Handlungsmöglichkeiten nach dem NSU. Frankfurt am Main: 156–168.

120 Vgl. Antwort der Bundesregierung auf die Kleine Anfrage der Abgeordneten Martina Renner, Petra Pau, Sevim Dağdelen, weiterer Abgeordneter und der Fraktion DIE LINKE. Drucksache 18/2031 – Straf- und Gewalttaten unter Bezugnahme auf den „Nationalsozialistischen Untergrund" seit dem 4. November 2011. Drucksache 18/2166 vom 21.07.2014.

121 Vgl. Deutscher Bundestag (2019): Überblick über Straf- und Gewalttaten unter Bezugnahme auf den „Nationalsozialistischen Untergrund" (NSU) seit Juni 2018. Drucksache 19/12375.

122 Pitt von Bebenburg/Hanning Voigts (2019): NSU 2.0 – Der hessische Polizeiskandal. In: Frankfurter rundschau vom 16.09.2019: 18–19.

123 Vgl. Stefan Locke (2019): „Effektive Schläge" gegen das Establishment. In: Frankfurter Allgemeine Zeitung vom 01.10.2019: 4.

124 Vgl. Bundesministerium des Innern, für Bau und Heimat (2019): Verfassungsschutzbericht 2018. Berlin: 50.

125 Vgl. Deutscher Bundestag (2019): Waffenbesitz und Waffeneinsatz von und durch Neonazis. Drucksache 19/13491.

126 Vgl. Boer Deng (2019): „White supremacist" kills 20 in Texas supermarket. In: The Times vom 05.08.2019: 26–27.

127 Vgl. dpa (2019): Dutzende Deutsche in „Atomwaffen Division". In: Neue Ruhr Zeitung vom 06.11.2019.

128 Vgl. Mack Lamoureux/Ben Makuch (2019): New Video May Signal Dangerous Change For Neo-Nazi Terror Cell. In: Vice vom 02.10.2019.

129 Vgl. Anette Dowideit/Ibrahim Naber/Martin Lutz/Uwe Müller (2019): Hessischer Attentäter war Sportschütze. In: Die Welt vom 24.07.2019: 5;

130 „Der Oberbegriff ‚gewaltorientiert' wird dann verwendet, wenn Extremisten als gewalttätig, gewaltbereit, gewaltunterstützend oder gewaltbefürwortend eingeordnet werden können." (ebd.: 19).

131 Vgl. Jörk Köpke (2019): Die rechtsradikale „Kreuz"-Connection und die Bundeswehr. In: Hannoversche Allgemeine Zeitung vom 10.09.2019.

132 Vgl. Matthias Gebauer (2019): Militärgeheimdienst ermittelt gegen Eliteeinheit KSK. In: Spiegel Online vom 09.09.2019.

133 Vgl. Autor*innenkollektiv FE.IN (2019): Frauen*Rechte und Frauen*Hass. Antifeminismus und die Ethnisierung von Gewalt. Berlin: 106-115.